江苏高校优势学科建设工程资助项目

基于演化弹性理论的资源型城市转型过程与影响机理研究

谭俊涛 著

中国财经出版传媒集团

经济科学出版社
Economic Science Press

图书在版编目（CIP）数据

基于演化弹性理论的资源型城市转型过程与影响机理
研究/谭俊涛著. -- 北京：经济科学出版社，2023.1
ISBN 978 - 7 - 5218 - 4509 - 9

Ⅰ. ①基⋯ Ⅱ. ①谭⋯ Ⅲ. ①城市经济 - 转型经济 -
研究 - 中国 Ⅳ. ①F299. 21

中国国家版本馆 CIP 数据核字（2023）第 014253 号

责任编辑：李一心
责任校对：齐 杰
责任印制：范 艳

基于演化弹性理论的资源型城市转型过程与影响机理研究

谭俊涛 著

经济科学出版社出版、发行 新华书店经销
社址：北京市海淀区阜成路甲 28 号 邮编：100142
总编部电话：010 - 88191217 发行部电话：010 - 88191522
网址：www. esp. com. cn
电子邮箱：esp@ esp. com. cn
天猫网店：经济科学出版社旗舰店
网址：http://jjkxcbs. tmall. com
北京季蜂印刷有限公司印装
710×1000 16 开 11.25 印张 162000 字
2023 年 7 月第 1 版 2023 年 7 月第 1 次印刷
ISBN 978 - 7 - 5218 - 4509 - 9 定价：48.00 元
（图书出现印装问题，本社负责调换。电话：010 - 88191545）
（版权所有 侵权必究 打击盗版 举报热线：010 - 88191661
QQ：2242791300 营销中心电话：010 - 88191537
电子邮箱：dbts@ esp. com. cn）

前　言

　　随着我国经济发展进入新常态，经济社会发展进入了转型升级与创新发展的新阶段，党的十九大明确指出，我国经济已由高速增长阶段转向高质量发展阶段，正处在转变发展方式、优化经济结构、转换增长动力的攻关期，城市作为区域发展的核心，承担着我国经济社会转型的主要任务。20 世纪 80 年代，我国资源型城市开始出现矿竭城衰现象，到 21 世纪初，大量大中型国有资源型企业破产，资源型城市衰退问题严重，为此国家出台了一系列面向资源型城市转型发展的政策措施，包括资源型城市经济转型试点、资源枯竭类城市（县、区）转型以及国家资源型城市可持续发展规划等。国家的政策支持带动了资源型城市大批项目建设和财政转移支持，促使资源型城市在民生质量改善、生态环境治理和新产业培育等方面都取得了一定的成就，但是这种政策扶持的城市转型模式不具有长效性，使城市转型缺乏后劲。造成这种现象的重要原因是我国城市转型理论和政策研究落后于实践需求、基础研究缺乏对城市发展规律的探索，资源型城市转型发展研究亟须科学的理论进行指导。

　　地理学认为城市是一个复杂的人地关系地域系统，具有一定的空间结构和功能，要科学地把握城市转型问题，就要有城市系统的思想方法。在全球变化研究不断升温的背景下，可持续性科学提出了一些从系统论思想出发研究人类—环境耦合系统的概念及其理论分析框架，其中最具代表性的概念包括"弹性""脆弱性""适应性"等。2015 年在美国召开的"联合国可持续发展峰会"提出的 17 个可持续发展目标的可持续城市和社区明确要求"建设包容、安全、有风险抵御能力和可持续的城市及人类住区"，说明已经将弹性理论的观点融入《2030 年可持续发展议程》中。弹性理论自形成以来因为强大的包容性而受到众多学科的关注，它认为影响城市的外部干扰因素不可避免，重要的是干扰发生后所采取的行动，强调系统面对扰动的适应能力，它有解释城市经济社会系统的更新、再生和重组属性的能力，因此弹性理论可为城市转型，尤其是资源型城市转型发展提供科学的理论支撑。探索这些基础性科学问题，需要创新研究思路和方法，更需要选择典型案例分析验证。

东北地区资源开采的历史较长，早在清代末期就对煤炭、金矿等资源进行了初步开采，民国和东北沦陷时期，煤炭、钢铁等资源遭到了日本侵略者的疯狂掠夺，新中国成立后，为满足重工业发展的需求，国家对东北地区的煤炭、木材、铁矿、石油等资源进行了大规模的开发。东北地区资源型城市具有数量多、开发强度大等典型特征，按照国务院2013年印发的《全国资源型城市可持续发展规划（2013～2020年）》中对资源型城市的界定标准，东北三省有资源型城市37座，占全国资源型城市总数的14.1%，其中有24个是衰退型和再生型资源型城市，仅有1个为成长型。因此以东北地区资源型城市作为研究区域，运用演化弹性理论分析其转型过程与影响机理具有典型性与紧迫性。

首先，本书将依据演化弹性理论构建资源型城市可持续发展指标体系，从经济、社会和生态环境三个方面评价东北地区资源型城市的转型绩效及影响因素。其次，通过解构弹性概念构建了资源型城市经济弹性分析框架，分析东北地区资源型城市应对短期危机和长期扰动的经济弹性能力，分析了资源型城市转型过程的弹性特征及其空间分异特征。再次，选取国家资源型城市经济转型试点辽源市和衰退型煤炭城市双鸭山市作为对比分析案例，分析资源型城市如何形成路径依赖以及在经济转型过程中如何进行路径创造，并对城市经济转型过程的弹性差异成因进行分析，为其他城市转型发展提供借鉴。最后，依据资源型城市转型绩效及韧性特征提出了资源型城市转型发展的对策措施。

希望本书的出版能够促进资源型城市转型研究视角多元化的创新发展。本书可作为相关研究人员、高校教师与研究生学习的参考资料，也可作为资源型城市转型实践工作中答惑解疑的参考资料。本书是在本人博士论文的基础上进一步完善与深入研究完成的，参考了大量的国内外学者的文献，得到了博士生导师张平宇研究员和大量专家学者的指导，在此向他们表示感谢；同时还要感谢国家自然科学基金（42201177）、教育部人文社科基金（20YJCZH143）和江苏高校优势学科建设工程资助项目对本书的支持，以及江苏师范大学城乡融合发展研究院等学科平台的支持。

目
录
Contents

>   >   >   >   > ·   >

第一章

绪　　论

第一节　研究背景与意义

一、研究背景

（一）理论背景

1. 城市转型是我国当前经济社会发展面临的重大理论问题

我国已进入全面建成小康社会的决胜阶段，正处于经济转型升级、加快推进社会主义现代化的重要时期，稳增长、调结构、促发展为新常态下促进我国经济社会平稳发展指明了方向。2014 年，习近平在亚太经合组织工商领导人峰会上的演讲中系统阐述了新常态，强调新常态下，中国经济从高速增长转为中高速增长；中国经济结构不断优化升级，第三产业、消费需求逐步成为主体；经济从要素驱动、投资驱动转向创新驱动。早在 2006 年我国就提出"加强自主创新，建设创新型国家"的发展战略，2008 年 6 月深圳成为首个国家创新型城市的试点，2012 年党的十八大提出要加快完善社会主义市场经济体制和加快转变经济发展方式，实施创新驱动发展战略，转变经济发展方式成为我国经济发展的必然趋势。城市作为区域发展的核心，城市转型承担着我国经济社会转型的主要任务，城市化是现代化的必由之路，是保持经济持续健康的强大引擎，是加快产业结构转型升级的重要抓手，是解决农村问题、促进区域协调发展的支撑，是促进社会全面进步的必然要求。2014年3月17日《国家新型城镇化规划（2014～2020年）》正式公布，强调推进以人为核心的城镇化。总体来看，我国的城市转型正处于一个战略机遇期，需要科学的理论支撑。资源型城市作为一类特殊的问题城市，由于其资源的不可再生性，导致城市发展存在典型的周期性，城市发展与国家整体转型发展具有一致性，也具有自己独有的特征，因此城市转型更是资源型城市面临的重大理论问题。

2. 城市转型是一个经济社会发展系统工程，地理学人地关系理论成为一个重要的研究视角

"转型"这一概念最初被应用于生物学领域，后被引入经济社会学领域，是指一种大规模的制度变迁过程或经济体制模式的转变。进入21世纪，随着转变经济发展方式成为国家发展的主题，城市转型内涵转化为调整经济结构、建立新产业体系的经济转型带动下的城市发展理念的转变。城市转型是一个包括经济、社会、生态环境等多方面的系统工程，而人地关系理论是研究经济社会发展系统的重要工具，为城市转型提供了重要的研究视角。地理学是研究地球表层人与自然相互作用的科学，对人地关系的认识素来是地理学的研究核心，贯穿在地理学各个发展阶段（吴传钧，1991），地理学独特的学科特点（综合性、区域性）和特殊的研究对象（地球表层），使其对城市转型的研究具有独特性。20世纪后半叶，全球范围内人口—发展—资源环境关系的问题日益严重，由注重自然因素引发环境变化向人类原因引发的环境变化转化（陆大道，2011；张平宇，2007），针对上述问题，国际上成立了地球系统科学联盟，由世界气候研究计划（WCRP）、国际地圈生物圈计划（IGBP）、国际全球变化人文因素计划（IHDP）和生物多样性计划（DIVERSITAS）四大全球环境变化科学计划构成，全球变化关注的问题越来越强调人类社会对全球变化的影响以及对全球变化的响应与适应，越来越侧重自然因素与人文因素的综合作用的研究。在全球加快建立和

发展地球系统科学和可持续性科学的过程中，地理学不仅是倡导者，更是重要的建设者，在 IPCC、WCRP、DIVERSITAS、IHDP、IGBP 等科学计划中，地理学者占到了 10% 左右，其中相当一部分是人文地理学者（张平宇等，2011），人地系统理论成为研究经济发展系统的重要理论和方法，城市转型是一个经济社会发展系统工程，地理学人地关系理论成为一个重要的研究视角。

3. 城市转型的综合性与复杂性不断要求有新的理论作为指导，弹性理论可为城市转型提供新的理论视角

能源枯竭、油价飙升、全球变暖、生物多样性丧失、环境退化、极端气候灾害频发等问题已成为 21 世纪人类发展面临的巨大挑战（王量量等，2013），为应对这些错综复杂的挑战，城市转型成为城市发展的必由之路，城市转型的综合性、复杂性要求必须有科学的理论指导。弹性理论强调区域应对外来冲击的缓冲能力，同时强调区域（城市）的学习能力，抓住挑战带来的机遇，保持发展活力，而成为学术研究的热点，也为城市转型提供了一个新的理论分析框架和理论支撑。弹性理论已经被许多国际性科学计划提上研究日程，IPCC 和联合国国际减灾署（UNISDR）先后对弹性进行了定义，认为"弹性是用来描述系统吸收干扰，同时维持基础功能、结构的能力，也是自组织，适应压力、变化，恢复的能力"（李彤玥等，2015），全球环境变化人文因素计划（IHDP）中的三个非常重要的核心概念包括弹性（resilience）、脆弱性（vulnerability）和适应（adaptation）（方修琦等，2007）。自霍林（Holling，1973）第一次将弹性的理念引入生态学领域，用来定义生态系统的特征，之后学者们逐渐将这一概念应用到社会经济领域，同时广泛地应用于应对气候变化和减缓自然灾害等领域，尽管其概念的内涵仍在充实，理论方法仍在完善，但并没有影响其成为包括地理学在内的相关学科乃至政府文件的高频词，这表明弹性的理论和方法已经被社会各个方面认同，据 SSCI 数据检索，1997～2007 年关于弹性主题的文献呈现出年均 400% 的增长率（Swanstrom，2008）。随着弹性理论研究领域的拓展和理论方法的不断完善，研究社会—生态系统的弹性能力及应对

外界扰动的弹性过程，将成为地理学及相关科学诠释人类活动与生态环境关系以及人地相互作用机制的重要途径，弹性理论可作为一个新的理论分析框架为城市转型提供理论支撑。

（二）现实背景

1. 我国经济社会发展进入了转型升级与创新发展的新阶段，城市转型发展成为未来一段时期我国经济社会发展的重大任务

随着我国经济进入新常态，经济社会发展也进入了转型升级与创新发展的新阶段，城市的发展必须从原来的"土地城镇化""人口城镇化"的粗放式增长方式，向以人为本、生态为基、产业高端、空间集约的"精明增长"转变，全面提高城市的发展质量，实现这种发展方式的转变，成为我国未来一段时间经济社会发展的重大任务。我国的城市转型必须依靠城市经济转型，通过产业升级、现代服务业发展以及现代经济体系的构建来协同推进。围绕城市转型，未来我国经济社会发展面临一系列重大任务：第一，中国经济从高速增长转为中高速增长，应该保持什么样的经济增长速度，为满足这样的经济增长速度，需要什么样的产业结构支撑，多元化的增长动力如何构建；第二，我国的经济结构不断优化，如何对传统产业进行优化升级，推进先进制造业的发展，如何培育和发展生产性服务业来优化服务业结构，如何加快战略性新兴产业的培育，都是不断优化经济结构需要考虑的重大问题；第三，经济从要素驱动、投资驱动转向创新驱动，如何由传统的依靠劳动力、资本和资源的要素投入向依靠创新投入驱动的经济发展，如何改变我国经济增长主要驱动力"大而不强，快而不忧的局面"，另外该如何深化科技体制改革、加快创新型国家建设、如何强化基础研究、抢占科技制高点等都是我国经济进入转型升级和创新发展新阶段，城市转型需要解决的问题，也是未来一段时期我国经济社会发展的重大任务。

2. 东北老工业基地振兴面临着新的困难和挑战，资源型城市转型仍然是关乎东北振兴的重大问题

在经济新常态背景下，稳增长、调结构成为国民经济发展的首要任

务。2014 年，除西藏外全国经济增长速率普降，东北地区尤为明显。黑龙江、辽宁、吉林三省地区生产总值增速分别为 5.6%、5.8%、6.5%，分别位列全国各省份的倒数第二、第三、第四位，经济下行压力不断加大，其中与能源和基础原材料产业生产效益下降有重要关系。2015 年，辽宁、吉林、黑龙江三个省份的地区生产总值增速分别为 3.0%、6.3%、5.7%，而 2016 年辽宁省的地区生产总值增长率为 −2.5%，经济出现负增长。随着国际煤炭、石油、钢铁等能源和基础原材料价格的下行，近两年东北地区相应行业对工业的贡献率显著下滑，其中煤炭和油气开采行业甚至表现为负值，从而进一步导致东北工业增速下滑，也成为经济下滑的主要原因之一。随着资源型经济的下滑，资源型城市的经济下滑压力更大，2013 年黑龙江省的七台河、鸡西、鹤岗和双鸭山市均出现经济的负增长，白山、松原、大庆、鞍山、本溪等资源型城市的地区生产总值的增速也均低于全省的平均水平，2016 年阜新市的经济也呈现负增长。稳定资源型城市的经济增长速度，调整城市产业结构，成为资源型城市的迫切需求，也是关乎东北振兴的重大问题。

《关于实施东北地区等老工业基地振兴战略的若干意见》明确提出"资源型城市实现经济转型是老工业基地调整改造的一个重点和难点，加快推进资源型城市经济转型"。虽然资源型城市转型工作已经开展十多年，国企改制重组成效显著，非公有制经济得到了较快的发展，产业结构调整步伐加快，替代产业初具规模，采煤沉陷区治理和棚户区改造成果显著，但是由于受资源、体制、结构和市场等因素的影响，东北地区资源型城市可持续发展仍然存在诸多问题。首先，这些资源型城市经过大规模的开采后，资源枯竭问题逐渐凸显，东北三省的煤炭资源优势逐渐丧失，2015 年东北三省煤炭储量仅占全国的 4.0%，大庆油田的可开采储量逐渐下降，产量也逐年下降，即便是可再生的森林资源，由于多年重采轻育，多数林区出现无林可采的局面。其次，资源型城市的体制性、结构性矛盾突出，替代产业培育缓慢，资源型产业一业独大状况没有根本改变，资源型城市作为计划经济时期的产物，国有经济比重偏高，并且形成"资源依赖型"的经济特征，使得资源型城市传统发展模式不断固化，替代产业培育进程缓慢，如大庆市，对石油生产具有高度依赖性，第一产业和第三产业发育不良，2013 年第三产业产值所占比重为 16.4%，仅比 2003 年提高 6 个百分点，国有经济比重过高，国有和集体单位从业人数从 2003 年的 28.4 万人增长到 2012 年的 46.16 万人。黑龙江省四大煤城过去十年煤炭产量从 4000 万吨上升到 8000 万吨，七台河、鹤岗和鸡西市非煤产业比重均只在 20% 左右。

3. 资源型城市转型实践工作亟待科学的理论与技术方法的支持

城市是一个复杂的有机生命体，其形成发展一般要经历产生、发育、成熟、衰落、复兴的演变过程，城市发展演变具有生命周期特点，呈现出阶段性的经济、社会和空间特征（刘易斯·芒福德，2005），资源型城市作为一类特殊的城市，其城市发展的周期性特征更加明显。我国资源型城市数量多、分布广，历史贡献巨大、现实地位突出，20 世纪 80 年代，资源型城市开始出现矿竭城衰现象，到 21 世纪初，大量大中型国有资源型企业破产，资源型城市衰退问题严重（Li，2013；Long，2013）。为了应对解决资源型城市面临的一系列问题，国家出台了一系列面向资源型城市的政策措施。2001 年 12 月，国务院确定阜新市为全国资源枯竭城市经济转型首个试点，标志着我国资源型城市经济转型实践进入了一个崭新的阶段，此后国家又先后将石油城市大庆，煤炭城市辽源、森工城市伊春、白山等城市确定为资源型城市经济转型试点。2003 年国务院发布《关于实施东北地区等老工业基地振兴战略的若干意见》，对东北地区资源型城市转型提出具体指导；2007 年发布《国务院关于促进资源型城市可持续发展的若干意见》；2008 年、2009 年、2012 年，中国分三批确定了 69 个资源枯竭型城市（县、区）；2013 年国务院颁布了《全国资源型城市可持续发展规划（2013～2020 年）》，对全国资源型城市进行了重新界定，总共包括 262 个资源型城市，其中地级行政区 126 个，县级市 62 个，县 58 个，市辖区 16 个，并对资源型城市可持续发展的目标、原则以及不同类型城市的发展方向和重点任务。

国家的政策支持带动了资源型城市大批的项目建设和财政转移支

持，然而，我国对于资源型城市转型的理论研究相对落后，对于资源型城市演变规律和转型实践的研究更加不足。过去一段时期我国大规模、快速的城市转型改造引发了诸多经济、社会、环境、生态、规划建设等方面问题，相关案例不胜枚举，出现这些问题与科学支撑不够有关。理论和政策研究落后于实践需求，基础研究缺乏对资源型城市发展规律的探索，难以把握城市发展趋势。比如，过去相当长时期人们只把城市转型工作当作工业技改项目或者建设工程，没有认识到资源型城市转型的综合性、复杂性和长期性，更没有认识到资源型城市作为有机生命体自身要经历新陈代谢的生命周期，它的转型发展与更大尺度的外部区域也有密切关系，这导致了资源型城市转型实践效果不佳，亟待科学的理论与技术方法的支持。

二、研究意义

针对国内外理论研究的进展与实践需求，本书运用弹性理论分析资源型城市转型，评价东北地区资源型城市转型的弹性特征，并以辽源市和双鸭山市为典型案例，从路径创造的角度分析两市经济弹性差异形成的机理，最后提出资源型城市转型发展的对策建议。主要目的有三个：首先，运用科学的方法定量的评价资源型城市的转型绩效，评价各资源型城市转型绩效的特征，通过对比分析发现资源型城市转型发展存在的问题，明确下一步转型工作的方向和重心。其次，将弹性理论应用到资源型城市转型中，拓宽弹性理论的应用领域，依据弹性理论构建资源型城市经济弹性的分析框架，并以东北资源型城市为例，分析经济弹性的特征。最后，以辽源市和双鸭山市为例，分析辽源市如何形成路径锁定以及在经济转型过程中如何进行路径创造，以及两个城市经济转型过程的弹性差异成因，为资源型城市转型提供发展借鉴。

基于弹性思想具有解释城市经济社会系统的更新、再生和重组属性的能力，将弹性理论思想引入资源型城市转型发展研究中，构建资源型城市转型过程的经济弹性分析框架，从资源型城市应对短期危机和长期扰动的经济弹性能力两方面分析了资源型城市的弹性特征，从弹性理论的视角分析资源型城市转型，丰富了资源型城市转型的理论研究，并且拓宽了弹性理论的应用范畴。本书以东北地区 21 个资源型城市为研究对象，从宏观层面分析资源型城市转型过程的经济弹性的特征、差异和类型，并以辽源市和双鸭山市为典型案例，分析资源型城市如何打破"路径依赖"，进行新的"路径创造"，探讨资源型城市经济弹性差异的形成机理，最后依据资源型城市转型绩效和经济弹性特征提出了东北地区资源型城市转型发展的对策措施，为东北老工业基地振兴和资源型城市转型实践提供科学依据。

第二节　研究内容与关键问题

一、研究内容

1. 资源型城市转型和演化弹性的基础理论

基于国内外理论与实证研究，从城市演变理论视角，借鉴演化弹性的研究思路，探讨资源型城市转型、城市经济弹性的内涵。这部分重点对城市转型、资源型城市转型、弹性理论应用研究、弹性理论分析框架等研究内容的国内外研究进展进行系统梳理。另外，从矿业城市发展生命周期理论、资源诅咒假说、社会—生态系统理论、可持续发展理论和脆弱性理论五部分，对各理论的核心思想、涉及的相关概念做了分析，并解释各理论给本书带来的研究启示。

2. 东北地区资源型城市转型绩效评价

从可持续发展理论出发，构建资源型城市可持续发展指标体系，运用可持续发展增量表征资源型城市的转型绩效，从经济、社会和生态环境三个方面评价了 19 个资源型城市振兴战略实施后的转型绩效，并对不同类型资源型城市的转型绩效差异进行了分析，最后从可开采资源量、交通区位、要素投入和国家政策支持、城市发展基础五个方面分析了影响资源型城市转型绩效的主要因素。

3. 资源型城市转型过程的经济弹性分析

从演化弹性的定义出发,构建了资源型城市经济弹性的分析框架,分析了资源型城市应对短期危机和长期扰动的经济弹性能力。资源型城市应对短期扰动的经济弹性评价主要选取亚洲金融危机和 2008 年世界经济危机两次短期危机,分析了资源型城市的维持性和恢复性,并对两次经济危机经济弹性差异的影响因素进行分析。资源型城市应对长期扰动的经济弹性评价主要分析了振兴战略实施后资源型城市应对长期扰动的经济维持性、适应性和转型性的特征。

4. 分析资源型城市转型过程的经济弹性差异机理

演化弹性关注区域长时间的应对能力以及如何重构区域产业结构、技术结构和制度等方面,即创造新的发展路径的能力。以国家资源型城市经济转型试点以及第一批资源枯竭城市——辽源为例,分析辽源市如何形成路径锁定以及在经济转型过程中如何进行路径创造,成为东北地区资源型城市转型绩效整体较好的城市;另外选取同为衰退型煤炭城市的双鸭山作为对比分析案例,分析两个城市经济转型过程的弹性差异成因,为资源型城市转型发展提供借鉴。

5. 提出了东北资源型城市转型发展的对策措施

依据对东北地区资源型城市转型绩效的特征及其影响因素的分析,以及资源型城市转型过程的经济弹性特征的分析结果,从提高资源型城市转型绩效和应对短期危机的长期扰动的弹性能力调控措施两个方面提出东北资源型城市转型发展的对策措施。

二、关 键 问 题

1. 东北资源型城市转型绩效评价方法及转型特征

资源型城市转型是一个复杂的经济、社会和生态环境问题,如何运用科学的方法定量评价资源型城市转型绩效,评价各资源型城市转型绩效特征，通过对比分析发现资源型城市转型发展存在的问题，明确下一步转型工作的方向和重心，这是资源型城市转型过程中首先需要解决的关键问题。

2. 资源型城市转型过程的经济弹性分析框架及特征

弹性理论的研究整体还处于起步阶段，弹性理论的研究更多还处于弹性概念的辨析与界定阶段，如何确定弹性理论的分析框架是深入开展弹性理论研究的基础。资源型城市作为一类特殊的"问题区域"，其面临的扰动具有不同于其他类型城市的特征，因此将弹性理论应用到资源型城市转型中，是弹性理论应用领域的拓宽。本书将重点解决如何依据弹性理论构建资源型城市经济弹性的分析框架，并以东北资源型城市为例，分析经济弹性特征。

3. 资源型城市经济弹性差异的形成机理

通过对资源型城市经济弹性的评价，分析不同城市、不同类型城市经济弹性的差异，而如何解释差异的形成机理是进一步研究的关键。选取典型城市长时间尺度的发展过程，分析资源型城市发展路径的形成、锁定与解锁的形成机理，而适应性循环理论通过定性的方式解释城市弹性演化的过程，如何将这些理论应用到资源型城市弹性机理的分析是本书重点解决的问题。

第三节　研究方法与技术路线

一、研究方法

（一）研究方法

本书将运用地理学、经济学、社会学、生态学、环境科学等多学科的理论与研究方法，以部门调研、统计查阅的方式获取经济、社会、生态环境等相关资料及研究报告，采用文献综述和专家咨询的方法，对资源型城市的弹性相关理论进行研究，应用相关统计分析方法、熵值法、层次分析法、地理空间分析等方法与技术，对东北地区资源型城市转型绩效及转型过程的弹性特征进行研究。

（1）运用统计学的相关方法，对东北地区资源型城市振兴战略实施后取得的主要成绩、存在的问题进行了定量分析。运用可持续发展理论，构建资源型城市可持续发展指标评价体系，通过熵值法、层次分析法、最小相对信息熵原理等方法确定指标权重，求得资源型城市转型绩效；运用地理探测器模型，分析了资源型城市转型绩效的主要影响因素。

（2）依据演化弹性的概念内涵以及资源型城市扰动特点，提出了资源型城市经济弹性的分析框架。首先，运用统计学相关方法研究了资源型城市经济弹性特征；其次，运用敏感指数和平均增长率等方法提出了资源型城市应对经济衰退的维持性和恢复性的相关计算方法，运用地理探测器模型计算了资源型城市应对短期危机经济弹性的影响因素；最后，依据广义弹性的概念，提出应对长期扰动的经济弹性评价方法，运用主成分分析法进行了相关研究。

（3）以辽源市作为典型案例，运用数理统计的方法，从三次产业结构、工业结构和制造业内部行业的演化特征进行分析，分析辽源市经济发展的路径形成、锁定与解锁过程；另外以辽源市和双鸭山市为例，通过对比分析法分析两市转型的差异性，并运用适应性循环理论，对城市发展的适应性过程进行定性划分。

（二）数据来源

本书所需的数据主要来源于 2004～2014 年《中国城市统计年鉴》《辽宁统计年鉴》《吉林统计年鉴》《黑龙江统计年鉴》《中国区域经济统计年鉴》，另外还有 1987～2015 年《辽源年鉴》、2000～2015 年《辽源市统计年鉴》、1992～2015 年《双鸭山社会经济统计年鉴》、《辽源市志》（1986－2002）、"辽源市国民经济和社会发展第十三个五年规划纲要"、"双鸭山市国民经济和社会发展第十三个五年规划纲要"，以及部分资源型城市的"国民经济和社会发展统计公报"。交通时间通过Google map 获取，基本城市矢量数据从中国科学院地球系统科学数据共享平台（http：//www. geodata. cn）获得。

二、技术路线

本书在系统梳理国内外资源型城市转型与弹性相关研究的基础理论与实证研究的基础上，将演化弹性理论引入资源型城市转型研究中，对东北地区资源型城市的转型绩效进行了系统的评价，并提出了资源型城市经济弹性分析框架，分析了东北地区资源型城市转型过程中应对短期危机和长期扰动表现出的弹性能力；另外，以辽源市和双鸭山市为例对资源型城市经济弹性的形成机理进行了分析；最后基于资源型城市转型绩效和经济弹性特征提出了促进资源型城市转型发展的对策措施。

本书的总体研究框架：首先，对国内外资源型城市转型与弹性理论的相关研究进行系统梳理和述评，对基础理论及相关概念进行归纳和辨析，为接下来的研究提供理论依据；其次，回顾了东北地区资源型城市的转型历程以及取得的主要成就和存在的问题；基于可持续发展理论提出了资源型城市转型绩效的评价方法，对东北地区 19 个资源型城市转型绩效及影响因素进行了分析。再次，依据演化弹性的概念内涵和资源型城市面临扰动的特征，提出资源型城市转型过程的经济弹性分析框架，从面对短期危机和长期扰动两个方面分析了 19 个城市的经济弹性特征和弹性能力。最后，基于资源型城市转型绩效的评价结果和经济弹性能力特征，从提高资源型城市转型绩效和应对短期危机和长期扰动两个方面提出了资源型城市转型发展的对策措施。本书的技术路线如图 1-1 所示。

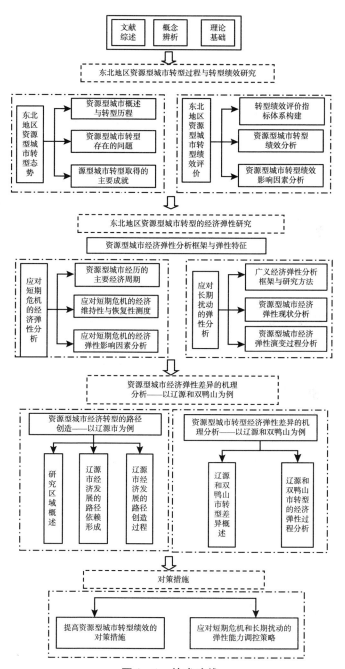

图1-1 技术路线

第二章

弹性理论下资源型城市转型的理论探索

第一节 概念辨析

一、弹性概念

从语源学角度分析，弹性（resilience）一词最早源于拉丁语"resilio"，意思为"回到原始状态"，后来法语借鉴了这个词汇，"résiler"，含有"撤回或者取消"的意思，后来被演化为现代英语中的"resile"（邵亦文等，2015）。19 世纪中叶，弹性首先应用于机械学，用来描述金属在外力作用下形变后的复原能力；此后被心理学家用来描述"精神创伤后的恢复状况"（Alexander，2013）；霍林（Holling，1973）第一次将弹性的理念引入生态学领域，用来定义生态系统的特征，此后学者又将弹性的概念应用到人类社会系统，包括社区、城市、区域的研究。由于多学科对弹性的关注，尤其是生态学的研究，使得弹性研究有较大的进步。弹性概念自提出后经历了两次较大的修正，从最初的工程弹性（engineering resilience）发展到生态弹性（ecological resilience），再到社会—生态弹性（social – ecological resilience）。达沃迪（Davoudi，2012）将社会—生态弹性又定义为演化弹性（evolution resilience），每一次修正和完善都丰富了弹性概念的外延和内涵，标志着学术界对弹性认知深度的逐步提升。

（一）工程弹性

工程弹性是最早被提出的认知弹性的观点，从某种意义上来说，这种认知观点最接近人们日常理解的弹性的概念，霍林（Holling，1973）首次分析了稳定性和弹性的区别，认为弹性就是系统受到外部扰动而回到平衡或者稳定状态的能力，强调的是在既定的平衡状态周围的稳定性。因为工程弹性只有一个平衡点，弹性的大小是由系统回到平衡状态的效率决定的，即回到平衡状态时间越短，弹性越大。

（二）生态弹性

随着学术界对弹性特征及其作用机制认识的加深，传统的工程弹性逐渐呈现出僵化单一的缺点。霍林（1996）认为生态弹性是系统在受到外界扰动时，在保持系统结构的情况下，所能够吸收的最大扰动量，认为系统可以存在多个而非之前提出的唯一的平衡状态，他考虑的不仅仅是系统恢复平衡状态的时间，还应考虑系统能够承受的扰动量级。冈德林（Gunderson，2003）用杯球模型简单地展示了工程弹性和生态弹性的区别，小球代表一个小型系统，箭头代表对系统施加的扰动，杯形曲面代表可以实现的状态，杯面底部代表相对平衡的状态，在工程弹性的前提下，在 t 时刻对系统施加扰动时，$t+r$ 时刻，系统重新恢复平衡，则 r 越小，工程弹性越大；当在生态弹性下，系统既有可能恢复原来的平衡状态，也有可能越过某一门槛达到一个新的平衡状态，生态弹性可以看作在系统即将跨越门槛前所能吸收的最大扰动。工程弹性与生态弹性比较如图 2－1 所示。

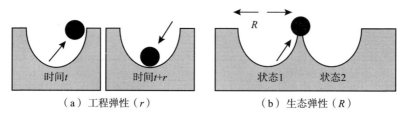

（a）工程弹性（r） （b）生态弹性（R）

图 2－1 工程弹性与生态弹性比较

（三）演化弹性

在生态弹性的基础上，随着对系统构成和变化机制的进一步加深，学者提出了演化弹性，演化弹性理论将人类和自然看作一个相互依赖的系统，研究社会—生态系统在应对外界压力、扰动所表现出来的改变（change）、适应（adapt）和转型（transform）能力。弗尔克等（Folke et al.，2010）认为弹性思想主要关注社会—生态系统的维持（persistence）、适应（adaptability）和转型（transformation）。维持即工程弹性的概念，即弹性作为一个缓冲来保护系统所拥有的或者恢复到原来的状态；适应是弹性的一部分，是生态弹性的核心内容（Davoudi et al.，2013），它维持当前系统的稳定性，它是抓住了社会—生态系统的学习能力，通过组合现有的经验、知识，来应对系统内外的扰动与变化，使系统在现有的稳定状态内继续发展（Folke et al.，2010）；转型是指当目前的社会、经济和生态结构不足以维持当前的系统时，目前系统创造一个新系统的能力。达沃迪等（2013）提出了"弹性构成四维框架"，将准备（prepareness）纳入弹性分析框架，把人类社会系统的有"准备"特性作为中心维度纳入弹性分析框架中，演化弹性观点的本质源于一种全新的系统认知理念，即适应性循环理论，认为系统的发展包含了四个阶段，即开发—保护—释放—更新，这一理论在后面将做详细的论证，这里不再展开。博施玛（Boschma，2015）强调演化弹性的定义不能仅仅局限于区域应对冲击的能力，而应当扩展为区域长时间尺度创造新的发展路径的能力（long-term ability of regions to develop new growth path）。弹性概念如表2-1所示。

表2-1　　　　　　　　　　　　弹性概念的辨析

项目	定义	平衡状态	发展目标	理论支撑	系统特征
工程弹性	是指系统受到扰动偏离既定稳态后，恢复到初始状态的速度	单一稳态	恢复初始稳态	工程思维	有序的、线性的

项目	定义	平衡状态	发展目标	理论支撑	系统特征
生态弹性	系统改变自身结构之前所能够吸收的扰动的多少	两个或多个平衡状态	塑造新的稳态，强调缓冲能力	生态学思维	复杂的、非线性的
演化弹性	是系统受到内部扰动后，持续不断维持、适应和转变的一种动态的系统属性；是一种路径创造	抛弃了对平衡状态的追求	持续不断地维持、适应、转变，强调学习力和创新性	系统论思维，适应性循环	扰沌

二、弹性与脆弱性

弹性（resilience）、脆弱性（vulnerability）、适应性（adaptation）是全球环境变化人文因素计划（IHDP）中三个非常核心的概念，也是IHDP研究的四个关键问题（脆弱性/弹性、阈值/转型、管理、学习/适应）的重要内容，被广泛地应用于经济学、心理学、工程学、人类学等众多研究领域，不同学科对这些概念赋予了不同的含义。为此，IHDP委员会于2005年专门以这三个概念为主题举行研讨会，并将成果作为一个专门的主题，于第六次全球环境变化大会开放科学大会上发表，2006年《全球环境变化》（*Global Environment Change*）第三期出版了专刊，对这三个概念的认知进行了总结。方修琦等（2007）认为弹性的研究具有明显的生态学和数学的学术背景，与脆弱性和适应性研究联系较弱，而脆弱性和适应性的研究主要集中于地理学和自然灾害学，但是随着弹性理论研究的火热程度越来越高，弹性概念也不断演化，三者的关系越来越密切。

脆弱性概念起源于对自然灾害的研究，在地理学领域由蒂默曼（Timmerman，1981）首先提出脆弱性概念，目前已被各学科广泛应用，不同学科对脆弱性的概念的界定角度和方式有很大差异。近年来脆弱性包含的要素越来越多，从多维角度反映脆弱性的内涵，包含了"风险"

"敏感性""适应性""恢复力"等一系列相关概念。从系统内部和系统外部两方面考虑脆弱性的内涵,李鹤(2008;2011)综合多位学者的观点,将脆弱性定义为"脆弱性是指由于系统(子系统、系统组分)对系统内外扰动的敏感性以及缺乏应对能力从而使系统的结构和功能容易发生改变的一种属性",是系统与生俱来的一种属性。系统内部结构特征是脆弱性产生的主要、直接原因,扰动和系统间的相互作用是脆弱性发生变化的驱动因素。

脆弱性是与弹性密切相连的一个概念,而且早期的学者更关注脆弱性的研究,随着弹性理论研究的不断丰满,其渐渐脱离脆弱性并成为与之并列的术语。弹性和脆弱性都是系统自身的属性,先于干扰或暴露程度而存在,但是又与干扰或暴露程度的特征相关,这两个属性因为干扰而表现出来,同时暴露和干扰的历史又对两者有重要的影响(Holling,1973;Gallopín,2006)。由于弹性和脆弱性两个概念的内涵经历了一个不断演化的过程,因此两者之间的关系也存在一个不断演化的过程。伯克斯(Berkes,2007)认为,在某种方式上,弹性是脆弱性的反面,弹性为脆弱性研究提供了一种视角,即弹性是研究什么样的扰动使得系统的脆弱性降低;达尔齐尔(Dalziell,2004)认为弹性不仅仅是系统应对外部扰动的能力,也包含了适应外部扰动的能力,因此弹性的功能是应对脆弱性的能力和适应性的能力两个方面;另外,方修琦等(2007)认为弹性是系统在不同吸引域内的一种状态转化,而脆弱性是指系统的同一稳定结构模式内结构的变化。而加洛平(Gallopín,2006)系统地分析了脆弱性、弹性和适应性的联系,认为弹性是和脆弱性的应对能力相关的一个概念,应该是小于脆弱性的一个相反意义的概念,这一观点解释的是生态弹性与脆弱性的关系,演化弹性的定义在这一阶段还未出现。还有一部分学者认为弹性和脆弱性的关系就如同一个双螺旋结构,在不同的社会层面和时空尺度中交叉,是不可分离的,不能简单视为硬币的正反两面,应该强调两者之间直接且紧密的联系,双螺旋结构形象地强调了脆弱性和弹性不可分离的关系(孙晶等,2007)。弹性和脆弱性在概念上贡献的差异性如表2-2所示。

表 2 - 2　　　　　　弹性和脆弱性在概念上贡献的差异性

概念分析内容	弹性	脆弱性
分析领域	从生态系统向自然—社会耦合系统转移，以生态系统为主	从社会系统到社会—生态耦合系统，而对纯生态系统整合较少
分析方法	系统分析方法	单元分析
社会—生态系统的反馈作用	核心思想	少
交替的稳定状态	核心思想	较少（只有生计和管理策略会考虑）
阈值	核心思想（从最初的工程弹性就开始）	很少
转化性	核心	较少
风险降低	很少	核心
学习能力	核心	较少
可操作性和可实践性	刚刚出现	擅长（政策制定）

　　资料来源：Miller F, Osbahr H, Boyd E, et al. Resilience and vulnerability：complementary or conflicting concepts? ［J］. Ecology and Society, 2010, 15 (3)：11.

三、弹性与适应性

　　适应性这一概念最初起源于自然科学，特别是进化生态学的研究，后来被应用到社会经济系统中，用"文化适应"这一概念来描述一个区域社会是如何依据自然环境变化而调整自身行为（Steward，1972）。20 世纪 90 年代初，全球变化背景下的适应性逐渐成为学者研究的焦点，崔胜辉等（2011）将适应性定义为"人类社会与自然生态系统针对全球变化导致的或预期的影响在不同尺度（个体、地区、国家、区域）上的调整"。

　　沃克（Walker，2004）认为弹性、适应性和转型性是决定社会—生态系统未来发展轨迹的三个主要因素，而系统的适应性是影响系统弹性的重要原因，影响系统管理弹性的能力，并且适应性主要是一个社会功能；而弗尔克（Folke，2010）认为适应性是弹性的一部分，适应性代表系统应对外部扰动及内部发展过程，从而使系统沿着目前的发展轨迹（稳定域）发展的能力。适应性是抓住了社会—生态系统的学习，组合经验、知识的能力，使系统能够应对外部扰动及自身的发展过程，并且在现有的稳定域内继续发展。也有学者认为弹性更多地侧重于系统维持其原有结构和特征的能力，表现为一种自我调控、自我恢复的能力和措施，如果某种扰动过强，则会超出系统的弹性限制，发生转型，并称转型为跃迁式的适应，认为适应性是弹性和脆弱性的函数（仇方道，2011），这种观点是对适应性与生态弹性关系的总结，而没有考虑演化弹性的思想。当然，适应性的概念也是一个不断演化的过程，如适应（adaptation）强调适应的变化是预想的路径，而适应性（adaptability）强调是创造新的路径（Smit et al.，2006）。本书认为适应性是演化弹性的重要组成部分，是演化弹性的核心思想。

第二节　相关理论基础

一、矿业城市发展生命周期理论

（一）产业生命周期理论

产业生命周期是由产品的生命周期决定的，产品生命周期理论是美国哈佛大学教授雷蒙德·费农 1966 年首次提出的，产品生命是一种新产品从开发到进入市场再到被市场淘汰的整个过程，典型的产品生命周期可以划分为引入期、成长期、成熟期和衰退期（Vernon R，1996）。资源型城市是以本地区矿产、森林等自然资源开采、初加工为主导产业的产业性质决定了资源型经济的发展必然经历一个由勘探到开采、高产稳产、衰退直至枯竭的生命周期，这符合一般产品的生命周期理论。如果原料不完全依赖本地且有外地运入的矿产资源，则其发展周期的成熟阶段较长。

（二）资源型城市生命周期理论

城市生命周期理论由美国学者苏亚泽维拉（Luis Suazervilla）提出，它主要研究一个城市的发展要经历的生命周期，城市犹如生物体一样，具有出生、发育、发展、衰落的过程，城市的生命周期取决于构成城市发生发展各个经济要素的生命周期的叠加（宋飏，2012）。矿业城市的发展，既遵循一般城市发展的规律，又有其特定的内在规律，资源型城市的生命周期源于对不可再生资源的开发，矿产、森林等资源具有生命周期，资源型城市也就具有了生命周期，资源型城市也会经历导入期、成长期、成熟期、转型期和衰退期，如果城市不进行城市转型，而一直依赖资源型产业，则城市的生命周期就与资源型产业的生命周期同步，导致"矿竭城衰"，如果城市能够转型成功，实现产业的多元化，城市的生命周期将不再主要受资源型产业的生命周期的影响，最终发展为综合性城市（见图2-2、图2-3）。

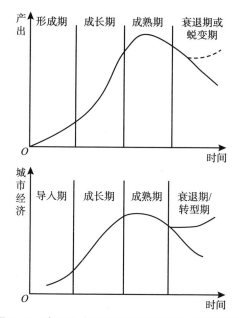

图2-2 产业生命周期曲线和城市生命周期曲线

注：图中虚线表示蜕变期。

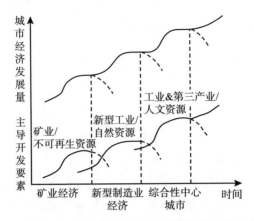

图 2 - 3 资源型城市产业转型发展曲线

资料来源：宋飓，王士君，王雪微，等．矿业城市生命周期与空间结构演进规律研究 [J]．人文地理，2012，127（5）：54 - 61.

（三）矿业城市发展生命周期理论启示

矿业城市生命周期理论决定了资源型城市必须进行城市转型，从传统的依赖矿产、森林等原料开采和初加工为主导产业向延伸加工制造业的以新型工业为主导的工业城市，进而向产业结构多元化的综合性城市发展，城市会经历"矿业经济—新兴制造业经济—综合性经济"的发展过程，生命周期曲线呈现螺旋上升的状态，这与适应性循环理论的发展具有思想的一致性，因此运用适应性循环理论分析资源型城市的发展阶段及特征具有可行性和科学性。

二、资源诅咒假说

早期的学者曾提出丰富的资源是经济发展的重要支柱，原材料和能源对经济活动产生重要的影响，但是进入 20 世纪 70 年代，资源相对贫乏的亚洲四小龙迅速崛起，而资源相对丰裕的墨西哥、委内瑞拉等拉美国家的没落，让经济学家重新研究资源在长期经济增长中的作用。资源会对经济产生"诅咒"，学者们对这一问题的解释众说纷纭，社会学家认为"轻易得到的财富会使人产生懒惰"。经济学家认为资源诅咒有多种作用机制，首先是资源财富的挤出效应，即资源带来了大量的收入，而忽略了经济管理与政策支持的作用；其次是产业挤出效应，即资源型产业为资本、资源密集型产业，并且产业的前后向效应不强，该产业的高度发展导致对其他产业的投入不足，形成一产独大的状况；再次是资源财富引发寻租效应，资源财富是一大笔经济租金，特别是在经济发展初期，相关制度不够完善，寻租获得的利益大于努力工作获得的利益，相关利益主体会将精力放在寻租上，而缺乏努力工作与创新；最后是资源财富导致"荷兰病"，即大量的资源出口导致本国收入水平提高，本币升值，进而加大该国制造业成本。资源诅咒往往是由于地方政府的管理不利导致，因此在解决资源诅咒问题过程中，更多的是要加强政策干预，防止"挤出"效应发生，强化人的主观能动性。

三、社会—生态系统理论

（一）社会—生态系统理论基本内涵

社会—生态系统传统意义上也被称为"复合人—地系统""人与自然复合系统"（Liu et al.，2007）是地理学以及可持续发展科学的重要研究对象，社会生态系统被定义为社会子系统（人类子系统）、生态子系统（自然子系统）以及二者的交互作用构成的集合（Gallopin et al.，2001），并被认为是可持续发展科学最理想的研究单元（Gallopin，1991）。奥斯特罗姆（Ostrom，2009）在《科学》杂志上发表了《社会生态系统可持续发展总体分析框架》一文，系统论述了社会—生态系统的分析框架。社会—生态系统是人、自然、社会组成的复杂巨系统，在这个复杂系统里任何一个要素的变化都会引起其他要素的连锁反应，人类是社会—生态系统的主体要素，一切活动既要遵从自然规律，也要遵从人类社会发展规律，社会—生态系统理论的研究为人类解决社会问题及生态问题提供了全新的视角。

（二）社会—生态系统的特征

社会—生态系统作为复杂的巨系统，具有阈值的复合性和可变性，政治、经济和文化因素的能动性，人类活动的驱动性和系统演替的不稳定性和多稳态性等特征（余中元等，2014）。社会—生态系统由于受人的能动性和文化因素的影响，使得阈值具有"复合性和复杂性"，相比自然生态系统，阈值较容易被突破或被人类所改变；人类活动、社会制度、政策，以及文化是社会生态系统结构和功能演替的重要驱动因素，人类的独特之处在于人类的预见能力以及学习能力，因此社会—生态系统的自组织能力较强；由于人类活动对自然生态系统的反馈机制使得社会—生态系统不确定性大大提高，外来干扰和系统内部活动的不断进行使得社会—生态系统处在不停演化的过程中，发生稳态的转变（Scheffer et al.，2001）。

（三）社会—生态系统的属性

社会—生态系统具有维持性、适应性、转型性等系统属性，其动态机制可用适应循环理论进行解释（Folke，2006），其动态演化过程又具有不同尺度、不同等级的"扰沌"现象。霍林（1974）认为维持力是系统可以承受并可维持其功能的干扰大小；适应力是指参与系统的行为者管理系统弹性的能力；转型力是当现有的系统是不再适应现有状态时，创建一个全新系统的能力。按照演化弹性理论的观点（Folke et al.，2010），弹性的三个基本要素为维持力、适应力和转换力，适应力和转换力是弹力的重要组成部分。适应性循环理论是由以霍林为首的著名国际性学术组织"恢复力联盟"（Resilience Alliance）提出，用来分析社会—生态系统的动态机制，将依次经过开发—保护—释放—更新四个阶段，如果由于多种原因，偏离了适应性循环将进入病态困境，适用循环理论的层次结构需要用"扰沌"进行描述，即系统存在不同尺度、不同等级的循环。

（四）社会—生态系统理论的启示

社会—生态系统为研究解决社会问题及生态问题提供了全新的视角。将资源型城市看作一个社会—生态系统，基于资源型城市社会—生态系统的特征与属性，研究资源型城市转型机理，通过对社会—生态系统的动态演化机制进行分析，将循环适应理论应用到城市生命周期发展中，为研究城市的发展演变规律提供新的视角。

四、可持续发展理论

（一）可持续发展的基本内涵

可持续发展理念是人类对传统的"先污染、后治理"发展模式的重新审视之后，对人与自然关系作出的理性选择，可持续发展问题的提出源于欧美等发达国家高度发展的工业化进程所带来的资源枯竭、环境污染、生态环境破坏等问题。1987 年世界环境和发展委员会发表《我们共同的未来》报告中首次提出可持续发展概念，并明确提出可持续发展的定义是"既满足当代人的需要，又不对后代人满足其需求能力构成危害的发展"。经济、社会和环境是可持续发展的三个组成部分，经济方面的指导思想是当前经济发展不能以牺牲维持或提高未来经济发展及生活水平为代价，保证资源利用速度不能高于资源再生速度；社会方面的指导思想是应维持社会文化系统的稳定，保证教育、医疗、物质收入等方面全面提高；环境方面的指导思想是维护物种多样性，保证不对后代人生态环境产生破坏，可持续地利用各种物种和生态系统。

（二）可持续发展理论的启示

可持续发展理论为人类正确处理经济活动与自然生态环境之间的关系提出了全新的理念，在此理念的指导下，实现资源型城市社会、经济和生态环境的可持续发展，尤其是矿产、森林等自然资源作为不可再生资源，如果过度开采会严重损害后代人的权益，造成资源经济的不可持续发展。资源型城市转型的最终目标是实现资源型城市的可持续发展，因此资源型城市转型需要以可持续发展理念为指导。促进资源型城市可持续发展，对于维护国家能源资源安全、促进社会和谐稳定和民族团结、推动新型工业化和新型城镇化、建设资源节约和环境友好型社会具有重要意义。

五、脆弱性理论

20 世纪 80 年代以来，脆弱性研究逐步成为全球环境变化和可持续发展研究领域中的热点和前沿领域，受到了国内外学者的广泛关注，脆弱性研究的内涵和理论模型日渐完善，脆弱性研究作为一种新的研究范式已在不同学科领域得到广泛的应用（张平宇等，2011）。脆弱性分析框架从早期的风险—灾害模型（RH）与压力—状态—响应模型（PAR）发展到包括"内部"和"外部"两方面的压力与扰动的"双重结构脆弱性分析框架"，再到分析自然灾害事件的暴露与社会对灾害事件的敏感性分析的"地方灾害脆弱性分析框架"。目前，应用较广的脆弱性分析框架为"耦合系统脆弱性分析框架"，将脆弱性与人—环境耦合系统结合起来，对脆弱性的内涵进行了进一步的拓展，使脆弱性演变成为包含暴露、敏感性、恢复力、适应能力等众多相关概念的集合，强调扰动的多重性与多尺度性，突出对脆弱性产生的内因机制、地方特性及跨尺度转移的分析，形成一个多因素、多反馈和跨尺度的闭合回路。脆弱性理论分析框架经历了从单一扰动向多重扰动，由只关注自然系统或人文系统向耦合系统脆弱性分析转变，在整个演变过程中，逐渐将暴露、敏感性等因素纳入分析框架，使脆弱性研究日渐完善，这种理论演化的研究方式为弹性理论的演化提供了借鉴指导意义。

第三节　国内外研究进展

一、城市转型与资源型城市转型

（一）城市转型的内涵与研究进展

城市转型是伴随着城市的发展而不断发展的，从城市发展的角度看，城市发展的历史就是城市转型的历史（侯百镇，2005）。在城市转型的大背景下，城市转型问题已经成为当前城市科学研究的热点问题，同时经济学、管理学、社会学、规划学等相关学科开始从多学科、多视角对城市转型进行研究。从某种意义上讲，紧凑城市、创新城市、生态城市、精明增长、低碳城市、宜居城市、创意城市、智慧城市等种种城市发展理论，在一定程度上都包含了城市转型的思想（李彦军等，2012）。关于城市转型的内涵不同学科有不同的理解，总结起来大致有如下 4 种。第一种观点认为城市转型就是经济转型，早期的城市转型研究多数是从经济转型的角度进行分析，这种分析思路植根于 20 世纪 90 年代以来的计划经济国家所经历的体制转型实践有关（魏后凯，2011）。第二种观点认为城市转型主要是城市危机转型，把城市转型狭隘地理解为城市面临危机时不得不进行的转型，这类研究多数是基于资源型城市转型而提出的。第三种观点把城市转型看成是城市某一领域、某一方面的转型，如城市转型就是由内向型转为外向型，再转变为国际型。也有学者认为是城市发展道路、发展模式的大变革（李彦军，2009）。柴彦威（2009）从单位的角度对城市转型进行了解读，认为单位是城市转型机制的钥匙。第四种观点是综合性转型，是多领域、多方面、多层次、多视角的综合转型。本书认为城市转型是城市在各个领域、各个方面发生重大的变化和转折，不仅包括城市发展从计划经济体制向市场经济体制转轨，更重要的是体现城市发展理念和发展方式的转变，其核心是城市功能提升、产业升级、空间优化、生态环境保护建设与社会治理等。

19世纪的工业革命是现代城市形成和发展的最直接动力，引起了西欧城市在社会结构、组织制度、生活形态和空间布局等方面发生了重大的变化（顾朝林，2011）。埃伯尼泽·霍华德（1898）提出建设"花园城市"的思想，后来芒福德等学者批判大城市的生活质量问题，到了1960年代初，通信技术开始影响城市的转型发展，被称为后工业社会的转型，彼得·霍尔1998年发表《文明中的城市》（*Cities in Civilization: Culture, Innovation, and Urban Order*），将创新理念引入城市转型。按照诸大建（2007）的观点将我国的城市大致划分为三个阶段：第一阶段为改革开放之前的时期，城市变成了生产中心，经历了"变消费型城市为生产型城市"；第二阶段为1978~2010年，城市是一种以圈地型和无序蔓延型发展的特征，这期间又可划分为1978~1989年时期，表现为自下而上的乡村城市化进程，并且重点发展乡镇企业，1989~2010年表现为大都市化和城市群发展战略；第三阶段为2010年以后，城市发展面临整体转型，经济增长速度明显放缓，从经济增长向人类发展转变，从高污染、高消耗的经济增长模式向经济增长、社会发展和环境保护的"三维目标"发展。

目前国内学者对城市转型的研究包括城市转型的内涵、城市转型的动力与影响因素、城市转型的时机与模式和城市转型的方向与目标等内容，国外成功的城市转型案例也为我国研究城市转型提供了经验，如鲁尔区的城市转型、曼彻斯特等地的城市转型（王静等，2013；曹晟等，2013）。城市转型是在内生因素和外生因素共同作用下而进行的，有学者认为城市转型是由经济转型推动的（魏立华等，2006），正如人类社会经历的三次转型都是经济发展推动的结果；有学者主张"创新"是城市转型的本质，城市转型的实质就是城市创新的过程（朱铁臻，2006），此外还有学者认为政治因素、制度等因素对城市转型起推动作用。城市转型需要把握城市转型的黄金时间，既能充分利用现有城市资源，又能把握新的发展机会，学者提出"倒 J 假设"，从城市周期的角度判断城市的发展问题，当城市发展面临拐点时，克服发展瓶颈是城市转型的重要动因，安德鲁·葛洛夫给出的转型经验是"宁可过早，不要过迟"。城市转型的方向是城市转型成败的关键，随着规划科学的不断发展，相继提出了山水城市、生态城市、绿色城市、低碳城市等观点，有学者认为我国城市转型的方向应该是低碳、生态、绿色（李迅等，2011）。

（二）资源型城市转型

由于西方国家工业化进程开始较早，矿产等自然资源的开采历史相对较长，关于矿业城市的研究起步较早，1921 年英国奥隆索（M. Auronsseau）在城市职能分类过程中提出了矿业城市（mining town）的概念，此后学者逐渐完善了资源型城市的定义。相比国内的资源型城市而言，国外的资源型城市规模较小且职能更加单一，因此国外往往围绕资源型城镇（resource - based town）、矿业城镇（mining town）、单一产业城镇（single - industry town）、矿业依赖性社区（mining dependent community）、单一企业社区（single - enterprise community）等开展研究。资源型城市是以本地区矿产、森林等自然资源开采、加工为主导产业的城市（张文忠，2011），包括地级市、地区等地级行政区和县级市、县等县级行政区。关于资源型城市概念的界定，各学科的认识基本是趋于一致的，但是不同的专家、学者对资源型城市的界定标准却不尽相同（王燕国等，2007）。按照王青云（2003）在《资源型城市经济转型》一书中提出的界定标准，我国有资源型城市 118 座；刘云刚（2006）对我国县级以上的资源型城市进行了界定，界定为总共有 5 种类型 63 个；中国矿业联合会矿业城市工作委员会于 2004 年召开的"矿业城市界定与评价标准问题"专题研讨会认为全国总共有矿业城市 178 座[1]；朱训（2002）认为我国有矿业城市（镇）390 座；按照《全国资

---

① 资源型城市大致包括矿业城市和森工类城市。

源型城市可持续发展规划（2013～2020年）》对资源型城市的界定，我国总共有资源型城市262个。

资源型城市往往存在产业结构单一、后备资源不足、城市负担过重、环境压力大、矿城关系不顺等问题，尤其是东北地区资源经过长时间、大规模的开采后，自20世纪90年代开始，资源枯竭问题逐渐出现，城市转型已经成为资源型城市发展的必然选择。资源型城市转型的核心是经济转型，经济转型是指围绕主导产业的转化替代展开的新兴接续主导产业替代衰退资源型产业的过程，实现经济转型与城市转型的有机协调。城市转型还包括制度、政府职能、社会结构、文化以及物质环境等方面的转变（张平宇，2005）。因此，将资源型城市转型定义为城市以经济转型为核心内容，同时进行包括制度、政府职能、社会结构、文化及物质环境等方面的转变的过程。

二、资源型城市转型的研究进展

（一）资源型城市研究综述

国内学者对矿业城市的研究大致可以划分为三个阶段（龙如银，2005）：第一阶段为1949～1978年，为生产力布局与资源生产基地研究阶段。中华人民共和国成立后，由于推行重工业优先战略，资源型城市在国家生产力布局中作用格外重要，这一时期的研究主要围绕资源型城市的布局与选址、建设规模与时序等问题。第二阶段为1978～1990年，为工矿城市研究阶段，在计划经济体制下各种问题被隐性化，随着体制、机制改革及资源的逐渐枯竭，其固有弊端集中明显化，问题全面暴露（张文忠，2011），20世纪80年代，资源型城市开始出现矿竭城衰现象，许多学者开始从区域发展的角度研究资源型城市问题，这一时期的研究对象主要是以煤炭城市为主的矿业城市，在资源型城市发展现状和存在问题、资源型城市危机产生的原因以及矿业城市可持续发展的思路涌现问题。第三阶段为20世纪90年代以来，随着市场经济体制的逐步完善，以及资源型城市资源枯竭程度加重，"矿业，矿山，矿工，矿城"问题成为政府、学者乃至全社会关注的焦点，如何实现资源型城市的可持续发展，成为学术研究的热点，资源型城市的研究进入了城市转型和可持续发展研究阶段。

20世纪90年代以后的研究主要包括以下几方面，第一是资源型城市可持续发展面临的问题、成因、对策等。由于矿业城市特殊的发展环境，使其发展过程中面临着一些共性的问题，朱训（2002）认为资源型城市存在的问题主要有支柱产业单一、后备资源不足、城市负担过重、环境压力大、城矿关系不顺、竞争能力不强等问题。樊杰等（2005）从内因和外因两个方面分析矿业城市问题产生的原因，内因主要包括城市内部空间结构分割、矿城分离、城市经营管理理念落后、文化多样性缺乏，外因包括经济全球化、开放型经济和GDP为主导的绩效考核办法等。许豫东等（2004）从矿产资源的有限性、体制困境、矿业开发和城市建设相脱节等方面分析资源型城市面临困境的原因，并从区位、产业、环境、体制、人力、财力等方面分析资源型城市转型的面临的困难。针对矿业城市存在的问题和产生的原因，学者们也对矿业城市的可持续发展提出了对策建议，如朱训（2002，2005）提出八大战略、六大转变，丁四保等（2006）强调政府作为的作用，樊杰等（2005）认为要通过政府的引导作用，及早制定转型规划，处理好城与矿的关系及接续产业的培育。第二是针对资源型城市可持续发展面临的某一方面问题的研究，其中包括资源型城市的社会问题、经济转型问题、生态环境问题、城市可持续能力问题以及矿业城市发展的规律与理论等（张平宇等，2011）。资源枯竭城市面临的主要问题是社会问题，包括贫困、高失业率、居住等问题（郑文升等，2008；柴艳芳2007；李鹤等，2009），学者们从城市贫困问题的现状、成因、对策等方面进行研究，对资源型城市高失业率的研究主要包括城市失业、再就业调查，下岗失业原因，就业面临的困难等方面。矿业城市在资源开采、加工过程中会对城市产生严重的环境污染和破坏，目前研究的重点包括矿区单一环境要素或生态环境问题研究，如大气污染、矿区塌陷、矿区土壤治理（高丽莉，2013），还有矿区综合环境的研究，如矿区生态环境评价、生态承载力等（陈云峰等，2006；董锋等，2012；申玉铭等，2006）。经济转型、可持续发展问题和矿业城市发展规律等问题也是学者研究的重点领域，下面将详细论述。

（二）我国资源型城市转型综述

城市转型是资源型城市必然面临的问题，资源型城市转型研究成为资源型城市研究最核心的部分，资源型城市转型成为一个世界关注性问题，匹兹堡、鲁尔等城市已经成功地完成了城市转型（Li H，2013），实现了城市的可持续发展，为我国的资源型城市转型提供宝贵的经验。我国目前关于城市转型方面的研究主要包括经济转型、空间转型以及与之相关的制度、政策等各方面的转型，另外学者开始基于城市规划的理念对资源型城市转型进行研究。

1. 资源型城市经济转型研究

资源型城市发展出现问题的根本原因是经济结构单一，即资源型产业所占比重过高，因此经济转型的核心就是产业转型，以产业的优化升级为动力，推动整个城市经济、社会和生态环境等的转型（董锁成，2007）。接续替代产业发展路径与模式研究是产业转型研究的重点，张文忠等（2011）提出了资源型城市替代产业发展的五种模式，包括产业链延伸发展、搬迁发展、退矿进一发展、退矿进二发展、退矿进三发展，并依据资源型产业发展周期的不同，选择不同的接续替代产业发展路径；吴雨霏（2010）分别以河南焦作市、山东枣庄市和甘肃白银市为例，分析了新型产业植入模式、产业链延伸模式和新主导产业扶植模式三种资源型城市转型模式。也有学者针对某一具体资源型城市，提出城市经济转型的战略与途径，例如张平宇（2005）对阜新市的经济转型的条件进行了分析，注重解决经济转型过程中的战略性问题，包括城市定位与发展方向、城市规模和空间结构、产业结构调整与解决就业、协调经济转型和城市转型、发展民营经济与国企改革等；刘云刚（2000）以大庆市为例，探讨了资源型城市产业结构的特征、转型面临的问题，并提出了相应的对策；赵西君等（2007）认为处于成熟期的资源型城市是我国产业转型的主体，并且是资源型城市转型的最佳时期，并对济宁市的资源产业深加工和接续产业培育方面构建产业转型发展模式；董雯等（2011）对乌鲁木齐的资源型产业的演变特征及其空间效应进行分析；王亮等（2011）以克拉玛依市为例，认为产业转型的模式包括改造传统产业、延伸产业链和引进新的替代产业三种转型模式。

2. 资源型城市转型的政策研究

老年型资源型城市的衰退从表面上看是由于不可再生资源的有限性或开采速度超过可再生资源的恢复速度，但这只能说明资源型产业的衰退，而不是城市的衰退，因此应该在体制原因内分析城市衰退的根本原因（孙淼等，2005）。孙淼等（2005）对我国资源型城市衰退的体制原因进行了总结，认为价格体制产生不公平的区际效率、计划体制下产生高就业风险、地方政府弱积累能力的恶性循环是资源型城市衰退的深层次原因，体制改革是解决资源型城市发展障碍的根本办法，应给予资源型城市一个地区积累的过程，积极培育非公有制经济，打破中央和其他城市对资源型城市"剥夺"的链条。曾万平（2013）对我国资源型城市转型政策进行了系统的研究，认为资源枯竭型城市在体制机制改革方面应从衰退产业援助机制、科技与人才支撑体系建设、资源开发补偿机制、社会服务体系、保障体系建设等方面着手建设。卢业授（2005）以阜新市为例，认为应加大资源危机城市地质勘查工作的政策扶持力度，鼓励支持资源危机矿业城市实施走出去战略，建立资源开发补偿机制和衰退产业的援助机制。张平宇（2005）认为阜新市应深化国企改革与发展民营经济，在税收、项目核准、土地信贷等方面出台相关扶持政策，支持矿业城市经济转型。罗月丰（2005）认为资源型城市政府能力缺失是制约经济转型的深层次体制障碍，因此应强化政府的宏观管理职能，弱化其微观职能，营造良好的发展环境是资源型城市经济成功转型的先决条件。

国家为支持资源型城市的可持续发展，已经出台了一系列的政策措施，这些政策措施也已经成为学者研究的新热点，金凤君等（2010）对"东北振兴"以来东北地区区域政策进行了系统的评价，其中一部分重要的内容就是资源型城市经济转型政策，2004～2009年主要的区域政策有39项，其中资源型城市转型政策8项，包括调整部分矿山油田企业资源税税额、东北地区老工业基地土地和矿产资源若干政策、促进资源型城市可持续发展的若干意见、确定第二批资源枯竭城市名单、中央财政下达资源枯竭城市年度财力性转移支付资金、东北资源型城市首批专项投资计划等区域政策，并从区域政策取得成效以及未来区域政策重点调整的方向进行了分析。赵连荣等（2013）运用政策工具分析框架，系统研究了我国资源枯竭型城市转型中政策工具的运用状况，认为政策工具运用在纵向上逐渐完善和丰富，政策工具的运用呈现强制性工具占主导地位、混合性工具为辅、自愿性工具种类单一且力量薄弱等特点。姜春海（2006）分析了中央和地方各级政府在资源枯竭型城市转型过程中的责任和义务，分析了财政扶持资金的来源渠道，对各级政府的出资状况进行分析，严格监督财政扶持资金的使用，重点进行城市生态环境治理、基础设施建设和国有企业改制等领域的研究。金德刚（2008）借鉴西方国家资源型城市转型的扶持政策，论述对林业城市进行政策扶持的必要性，提出促进黑龙江省林业资源型城市经济转型的扶持政策，主要包括资源开发的补偿政策和衰退产业的扶持政策及其具体的实施办法。

3. 资源型城市空间结构研究

城市空间结构的发展是一个空间自组织和外部因素共同作用的结果，经济力、社会力和政策力等一系列作用力促进城市空间结构的变化（耿慧志，1999），资源型城市往往是依据矿产资源的分布而建立，导致矿业城市空间形态的紧凑度较低，发展呈分散态，矿业城市空间的边界比较复杂，呈不规则状态（宋飏等，2012），研究资源型城市的空间结构重构问题对城市可持续发展具有重要的现实意义。宋飏等（2012）从城市生命周期的角度对矿业城市空间结构演变进行分析，认为资源型城市空间结构呈现"矿业经济的点状离散—新型制造业的分区极化—综合性城市的多组团圈层"的阶段性特征。杨显明等（2015）通过追踪淮南、淮北城市空间扩展，发现煤炭城市空间形态较为分散，城市空间结构都会经历飞地拓展、轴向延伸、内向填充、区位再造4个阶段，资源禀赋与矿区开发建设、交通运输、城市职能、地形及地质条件、技术进步以及城市规划对资源型城市空间结构产生共同影响。也有学者针对某具体资源型城市对其空间重组进行分析，梅林等（2006）以辽源市为例，对煤炭资源型城市空间结构优化模式的构建和优化途径进行探索；赵景海等（1999）对大庆市经济转型期的城市空间重组进行了研究，分别从市域城镇体系重组、城市核心地域重组和城市建设用地重组三个层次对城市的空间重组进行研究；张继飞等（2013）对山地资源型城市东川区的空间发展模式进行研究，认为应采取山地自然生态友好型的产业成长模式和"点状"开发模式，形成自然生态与"点状"开发区有机融合的地域空间发展格局。

4. 资源型城市规划研究

作为一类特殊的城市，特定的发展脉络决定了其发展必然面临产业发展问题、景观生态、社会问题、土地利用问题、空间问题等突出矛盾，问题破解需要规划的及时调整与响应，从城市发展规划的角度对资源型城市转型进行研究，探索城市发展规律，指导城市建设，是近几年研究的方向。张石磊等（2011）以白山市为例，从政府的角色和作用的角度出发，以城市规划为导向，对景观规划、生态规划等城市规划体系的响应对资源型城市的转型提供指导。苏晓玲等（2010）从城市规划的角度对资源型城市的产业发展、城市功能定位、空间布局等方面提出建议；陈云峰等（2006）以铜陵生态市规划为案例，提出资源型城市转型的一种模式，通过调整城市空间结构要素之间的关系、经济效益与环境资源消耗之间的关系、三次产业之间的关系、城市的管理部门之间的关系，营造和谐的城市内部关系；通过建设循环经济，培育生态文化，建设和谐的城市运行方式；通过建设绿色核算体系核心，构建生态市创建的长效机制。王亚男等（2013）以晋北中部城市群为例，探索了资源型城市群的生态规划框架，宏观层面上力图构建资源型城市群的生态安全格局规划，中观层面上进行城市群生态功能规划，微观层面上推进重点地区的生态区规划和环境功能分区。苏继红等（2011）针对煤炭城市生态环境破坏比较严重的问题，认为应该按照城市景观生态规划的理念，建设和谐的景观系统，并对邯郸市进行景观生态规划提出建议，构建"傍山倚水、水活景美、文脉彰显"的城市生态景观系统。

三、弹性理论及其应用研究进展

资源型城市作为一类特殊的城市类型，其城市发展演变过程具有典型的生命周期特点，呈现出阶段性的经济、社会和空间特征，资源逐渐枯竭的内生压力以及经济全球化的外部压力对资源型城市的发展产生巨大的压力，尽快实现城市转型已经成为资源型城市发展的必然选择。弹性理论是研究社会—生态系统在应对外界压力、扰动所表现出来的改变、适应和转型能力，以及社会生态—系统在这个过程中所表现出来的适应性循环过程，将弹性理论应用到资源型城市转型中，有利于具体把握资源型城市的转型和适应的过程、特性和规律，为城市转型提供科学的理论支撑。

（一）弹性理论的应用研究进展

弹性概念经历了工程弹性—生态弹性—演化弹性的演化历程，学者对弹性理论的应用也根据弹性概念的演化而不断深化，尤其是适应性循环分析框架提出后，被学者广泛地应用到经济、生态和社会系统中，进入 21 世纪，在经济全球化和全球变化的背景下，人们注意到解决任何地方性或区域性的经济、社会和生态环境都需要寻求跨尺度成因与对策，各学科对弹性概念的应用与发展再度升温，据 SSCI 数据检索，从 1997 年到 2007 年关于弹性主题的文献呈现出年均 400% 的增长率（Swanstrom，2008）。目前这个源于生态学领域的概念，已经应用到经济、社会、政治、环境等科学领域，地理学也积极参与到这个研究领域，尤其是人文地理学者更加注重弹性理论的社会转向研究（Brown，

2014；Xu，2015）。对于城市和区域这样具有复杂、跨尺度、非线性、不确定性特征的不断演化的复杂系统，弹性思想对于认识系统的周期性演变规律、发展状态、过程机制等，提供了新的理论分析框架，社区、城市和区域为弹性研究提供了载体。运用弹性思想应对全球气候变化、灾害风险等问题进行研究时，学者的研究主要集中在城市或区域的工程弹性、经济弹性、社会弹性、生态弹性以及基于弹性理念的弹性城市规划建设，由于城市作为独立的行政单元，因此下文的综述以城市作为主要研究对象。

1. 城市工程弹性

城市工程弹性即狭义的城市弹性，主要强调当遇到自然灾害等外部扰动时，城市的基础设施系统、人口系统、社区系统等快速而有效的从灾难中恢复的能力，主要指城市应对灾害的基础设施弹性（蔡建明等，2012），研究方向包括评估基础设施弹性、减灾技术的运用、弹性基础设施的建设等（Harrald，2012；Cutter et al.，2014）。城市基础设施是城市工业化、现代化的基础，建设具有弹性的基础设施系统，尤其是与人类生活息息相关的基础设施，像供水、供电、医疗服务等，对提高城市应对各类极端事件具有重要的意义（McDaniels et al.，2008），基础设施若能够经受住外界的扰动，就可以避免因系统内各要素相互影响而带来的损失，将危害效应降低到最小，特别应注意城市关键基础设施的冗余配置，如供水、供电、重要食物的供应等，一旦城市出现突发事件，能提高城市的基础设施弹性。基础设施弹性包括坚韧性（robustness）和迅速性（rapidity），坚韧性是指城市基础设施在遭遇外界某一特定水平的压力而不丧失其基本功能的能力；迅速性是指基础设施遭遇损失后能够及时应对的能力（Alberti，1999；McDaniels et al.，2008），在此基础上，布鲁纳等（Bruneau et al.，2003）将冗余度（redundancy）和资源可调配度（resourcefulness）补充到基础设施弹性特征中。城市规划通过更新基础设施建设理念和设计，可以有效地提高基础设施的防灾减灾目的，由于弹性设计会带来建设成本的提高，因此政策制定者和基础设施建设者通常拒绝做防灾减灾的弹性设计，从而造成城市基础设施在突发事件面前很容易崩溃。

2. 城市经济弹性

新经济时代背景下，城市或区域的经济发展不再是一个平滑的、持续增长的曲线，不断受到外界的冲击，如 2008 年的全球经济危机（阶段性经济衰退）、竞争区域的崛起、新兴产业与技术变革以及长期的慢性干扰（慢性燃烧，如产业过度专业化、人口老龄化等问题），驱使学者更加关注城市或区域的经济弹性问题（Martin，2012；Simmie et al.，2008）。经济弹性研究主要以经济地理和城市规划为视角，采取生态弹性相关的评价方法，如复杂性、多样性和自组织能力，来研究城市经济和产业系统的弹性（Martin et al.，2007），强调产业、技术、劳动力和制度政策等因素在应对外来冲击过程中形成的适应能力，是区域经济演化的重要因素（彭翀等，2015）。评估灾害带来的经济损失是经济弹性传统的研究领域，CGE（computable general equilibrium modeling）模型涉及微观、中观和宏观经济 3 个尺度，是评估自然灾害所带来经济损失的代表性模型（Rose，2005）。2010 年英国牛津大学和剑桥大学两位经济地理学者西米和马丁（Simmie and Martin，2010），最先从演化理论视角探讨了演化弹性思想（evolutionary resilience）对于城市或区域弹性的理论意义，并提出了"区域经济弹性四阶段适应循环模型"，认为区域经济的发展经历了开发阶段、保持阶段、释放阶段和重组阶段，对各阶段的区域弹性和资本积累进行了分析并结合英国剑桥和威尔士南部斯温西（Swansea）两个案例区（前者为高新产业区，后者为传统工业区）1960 ~ 2005 年演变过程进行了实证分析。西米等（2010）依据区域在受到外界冲击后，区域经济的发展轨迹的不同，总结了城市经济弹性的 4 种形态：回到冲击前的稳定状态（见图 2 - 4 (a)）；城市经济无法回到冲击发生之前的状态，但结构和功能仍然保持（见图 2 - 4 (b)）；城市经济无法回到冲击发生之前的状态，并且结构和功能退化（见图 2 - 4 (c)）；城市经济通过自身调整，实现跨越式发展，外来冲击成为城市调整自身发展轨迹的契机（见图 2 - 4 (d)）。

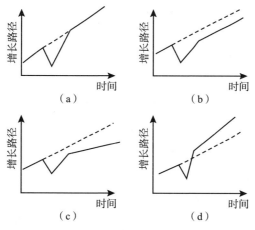

图 2 - 4 城市经济弹性轨迹

3. 城市社会弹性

阿杰（Adger，2000）将社会弹性定义为社区或者人群应对由社会、政治和环境变化带来的外来压力的能力，并认为城市的社会弹性很大程度上是由制度因素决定的，制度渗透到整个社会系统中，并影响着经济系统的结构和财产分配，可以通过制度变化、经济结构、人口变化来进行测度。在环境变化背景下，研究不同社会群体和组织结构的脆弱性是社会弹性研究的一个新兴主题，脆弱性是指社会群体或个体因环境变化所遭受的压力，而社会弹性可以提高个体的抗压能力，因此有学者提出，宽泛地讲弹性是脆弱性的反义词（Berkes，2007）。社会弹性强调以政府为核心的部门机构在应对经济、生态、政治等多方面因素对社会的扰动的能力（彭翀，2015），政府行为和决策能力是影响社会弹性的主要因素，政府应提升服务能力（doing things better）和创造能力（doing better things）。随着经济全球化的发展，城市的管理模式也开始发生变化，由原先的以政府为主导的城市管理模式转型"企业化城市管理模式"，城市中各管理主体（政府、企业、民间团体等）为了城市的经济增长，结合成多样的合作伙伴关系，形成各类弹性管理策略，如适应性管理策略可以实现区域的可持续发展能力，降低城市面对特殊气候的脆

弱性（Duxbury et al.，2007）

4. 城市生态弹性

人类社会和各种经济活动都依赖于生态系统的支持，生态系统服务是人类服务的基础，许多人类服务如供水、供电、交通、休闲娱乐等都依赖生态系统所提供的自然资源，同时需要将各类排放物与废弃物排放的生态系统中，并且依赖生态系统调节气候、控制洪水、降低碳排放等（蔡建明等，2012；Alberti et al.，2004），因此城市生态系统与人类经济社会系统的相互作用是城市生态系统研究的焦点，而城市生态系统弹性的评估必须建立在人类社会经济系统与自然生态系统相互作用的基础之上，另外学者对城市形态、土地利用以及城市内部联通状况对城市生态系统的动力机制和弹性的影响进行研究（Alberti et al.，2004）。依据适应性循环理论研究城市生命周期，探求驱动城市系统跨越阈值的关键要素也是学者研究的重要领域，塞曼（Zeeman，1977）认为慢变量是推动城市系统跨越阈值的关键力量，快变量的增长只体现短期的繁荣，慢变量的增长才代表社会的发展、城市竞争力的增强。

（二）弹性理论分析框架与评价方法

1. 弹性理论分析框架

从霍林（1973）第一次将弹性的理念引入生态学领域后，弹性研究在发展过程中产生了很多具有指导意义的分析框架，对于推动弹性研究的发展具有重要意义。对社会—生态系统动态演化过程描述、分析效果较好的模型是霍林提出的适应性循环模型，这一模型从开发—保持—释放—重组四个过程论述了系统演化的四个阶段，下面将做详细论述，这里不展开讨论。西米等（2010）依据适应性循环理论，提出了演化经济弹性分析框架，如图 2－5 所示，认为经济弹性的适应性循环可以划分为两个环，一个是与经济的出现、发展、维持有关的经济结构及经济发展路径，另一个是与经济的下滑以及探索新的经济发展路径的过程，这一分析框架是对适应性循环理论的实证应用。

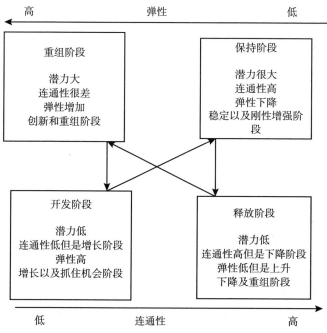

图 2 - 5 经济弹性的适应性循环分析框架

适应性循环理论是基于社会—生态系统演化特征的分析框架,学者根据弹性的定义,也提出了弹性概念分析框架,用以分析区域弹性能力,区域弹性可以分为广义弹性(general resilience)和狭义的弹性(specified resilience),狭义弹性是指针对某一特定的扰动而表现出的应对能力,而广义弹性是指系统应对一切不确定的扰动能力。对社会—生态弹性能力的评价,往往是对广义的弹性的评价。弗尔克等(2010)认为维持(persistence)、适应(adaptability)和转型(transformability)是社会—生态系统弹性思想的三个方面;之后,达沃迪等(Davoudi et al.,2013)认为在社会—生态系统中需要添加第 4 维度,即准备(prepareness),来反映人类行动的目的性、干预性和预见性(见图 2 - 6)。

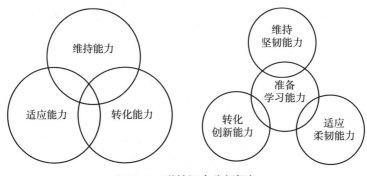

图 2 - 6　弹性概念分析框架

2. 弹性评价指标与评价方法

经过多年在定义上的争论，弹性这一概念在生态、经济、社会和制度方面的价值已经被大家所接受和认可，但弹性研究仍主要停留在概念层面上，弹性的衡量、测验和标准化仍未有大的突破，弹性的度量研究还非常薄弱。目前学者对弹性的评价主要集中在概念模型评价，这类研究主要是针对弹性的概念内涵，依据弹性的属性特征，构建弹性能力评价指标体系，对区域弹性进行评价（Bruneau，2003；Carpenter，2001）。沃克（Walker，2004）认为弹性包括四个方面，即范围（latitude）：系统在丧失恢复能力前可改变的最大量，抵抗性（resistance）：改变系统状态的难易程度；不确定性（precariousness）：距离阈值的距离；扰沌（panarchy）：由于跨尺度相互作用，局部尺度上系统的弹性将受到不同尺度上系统状态及其变化的影响。随着演化弹性的提出，弗尔克等（Folke et al.，2010）认为弹性思想主要关注社会—生态系统的维持（persistence）、适应（adaptability）和转型（transformation），三者构成了弹性思想的基本内涵，在此定义的基础上，学者从不同的角度对弹性进行了定量的评价，并且不同学科的评价方法存在很大的差别。

随着气候变化的加剧，自然灾害频发，导致人们的生命和财产遭受巨大威胁，自然灾害弹性已日益成为国际关注热点，国际组织和计划、学者等对区域、城市或社区的弹性进行了一些研究，联合国人类住区规划署（UN - HABITAT）于 2011 年进行的城市弹力剖析计划，旨在为国

家和地区政府提供弹性测量工具，并提高气候变化背景下应对多灾害的
弹力；2012 年，第 5 届亚洲减灾部长级会议在亚太地区减灾日的宣言
中，呼吁构建地方弹性社区（费璇等，2012）。《气候和灾害恢复力倡
议》于 2009 年发布，运用气候灾害恢复力指数（CDRI），对亚洲的越
南、菲律宾、泰国等国家的 15 个城市进行了恢复力的现状评估，综合
考虑了自然、物理、社会、经济和体制等 5 个维度，运用加权平均指数
分别计算每个维度的恢复力指数。2010 年国际战略减灾署（UN – IS-
DR）开展了"让城市更具弹性"活动，提出了弹性城市必须具备的 10
大条件，包括资金投入、政府管理、城市灾害数据管理、减灾基础设施
建设等。阿明丁等（Ainuddin et al.，2012）以俾路支的省会奎达为例，
对 200 个居民进行了问卷调查，从社区脆弱性、危害预见性和社区弹性
三个方面分析了社区的灾害应对能力。20 世纪 80 年代末期，能力和脆
弱性分析（capacity and vulnerability analysis，CVA）方法被应用于项目
规划与评估，如今已被广泛应用到灾害弹性的研究领域，通过分析找出
影响脆弱性和抗灾能力的因素，并厘清二者的互动关系，从而剖析区域
的薄弱环节如何导致受灾及其自身能够克服灾害的能力。

　　弗尔克等（2002）认为弹性和脆弱性是同一硬币的两面，脆弱性
的反面就是弹性，对此，学者借鉴脆弱性分析的一些方法对弹性进行分
析。祖尼利（Zurnili，1999）等提出在任意特定时空尺度上，社会—生
态系统的脆弱性同时取决于系统的敏感性和自然、人类导致的压力。王
俊等（2010）利用这一脆弱性的计算方法，将弹性看作脆弱性的对立
面，以甘肃省榆中县为例进行了实证研究，旨在探讨操作性较强的社会
生态系统弹性的定量化研究模式；王群等（2015）从弹性属性角度，
以系统脆弱性和应对能力为指标表征系统弹性，建立社会—生态系统弹
性测度框架，以千岛湖为案例，社会—经济—生态复杂系统弹性进行定
量测度。脆弱性和弹性都是某一社会—生态系统的属性，两者既有区
别，又有联系。

　　布里古利奥（Briguglio，2006）提出了经济弹性的分析框架和分析
方法，将经济弹性定义为区域应对外部经济扰动所表现出的恢复和调整

能力，从宏观经济环境、经济环境的市场效率、政府管理水平和社会发展水平四个方面构建经济弹性指标体系。巴兰（Balland，2015）分析了美国 366 个城市 1975～2002 年的专利申请状况，用来研究城市的技术弹性，用城市应对技术危机的脆弱性和适应性来表示城市的技术弹性。郭永锐等（2015）对社区恢复力的测度方法进行了梳理，认为目前社区恢复力的测度可以划分为两大类，即基于客观指标的测度方法和基于社区行动者感知的测度方法。谢尔（Keil，2008）将干旱区农业弹性定义为灾害和灾害管理能力的函数，其中灾害用发生灾害的可能性、灾害带来的压力和灾害的可预测性 3 个指标表示，灾害管理能力用自然资本、经济和金融资本、社会资本和人力资本 4 个指标表示，并对印度尼西亚苏拉威西省中部受厄尔尼诺和南方涛动现象影响的巴鲁河流域干旱对海岸农户的生活的影响进行了实证研究。此后杨小慧等（2010）运用谢尔的干旱恢复力函数对甘肃省榆中县进行了实证研究。学者对弹性的定量研究更多的在概念模型方面，而对数学模型使用的较少，运用数学模型对弹性进行量化，一般在经济学视角居多，运用经济投入、资源储备以及环境账单等价格方法进行研究，佩林斯（Perrings，1998）运用马尔科夫模型从弹性的视角分析了经济—环境系统的演化特征；沃克等（2010）运用包容财富法（inclusive wealth），以澳大利亚东南部为研究对象，对弹性进行了评估。

第三章

东北地区资源型城市转型过程与绩效研究

　　演化弹性理论将人类和自然看作一个相互依赖的系统，研究社会—生态系统在应对外界压力、扰动所表现出来的改变、适应和转型能力，演化弹性关注区域长时间尺度的应对能力以及如何重构区域的产业结构、技术结构和制度等方面。因此研究区域经济弹性需要对区域长时间尺度的改变、适应与转型过程进行系统分析，了解区域转型发展的主要过程和系统面临的主要长期扰动和短期危机。首先，对研究区进行了简单的概述；其次，对东北地区资源型城市转型过程进行回顾，对将东北地区资源型城市转型历程大致划分为4个阶段，并对转型取得的主要成就和存在的主要问题进行了分析；最后，评价了振兴战略实施后东北资源型城市转型绩效与主要影响因素。通过对资源型城市转型过程、转型绩效的分析，厘清了资源型城市面临的主要扰动与外界压力以及资源型城市应对这些扰动的主要措施，为第四章系统评价资源型城市经济弹性提供研究基础。

第一节　研究区概况

　　资源型城市是我国工业经济发展的摇篮，根据国务院 2013 年印发的《全国资源型城市可持续发展规划（2013～2020 年)》中对资源型城市的界定标准，我国共有 262 个资源型城市，其中地级行政区（包括地级市、地区、自治州、盟等）126 个，县级市 62 个，县（包括自治县、林区等）58 个，市辖区（开发区、管理区）16 个。东北地区资源丰富且类型多样，东北地区资源型城市总共 41 个，占全国的 15.6%，其中辽宁省 14 个，吉林和黑龙江省各 11 个，蒙东地区 4 个。东北三省共有资源型城市 21 座（地级市），去除黑龙江省的大兴安岭地区和吉林省的延边朝鲜族自治州，本书的研究对象为 19 座地级资源型城市。

东北地区资源开采的历史较长，早在清代末期就对煤炭、金矿等资源进行了初步开采，民国和伪满时期，煤炭、钢铁等资源遭到了日本侵略者的疯狂掠夺。中华人民共和国成立后，为满足重工业发展的需求，国家对东北地区的煤炭、木材、铁矿、石油等资源进行了大规模的开发，经历了半个多世纪的大规模开采，东北地区资源型城市在 20 世纪 90 年代出现主导产业大规模衰退的现象，多数矿业城市进入"中老年"发展阶段，东北三省的 37 个资源型城市中有 24 个是衰退型和再生型资源型城市，仅有 1 个为成长型。2001 年底，国家将阜新确定为资源枯竭型城市经济转型试点，2008 年确定了国家首批资源枯竭城市，共有12 个城市被列入，东北的阜新、伊春、辽源、白山、盘锦、大兴安岭 6个城市被列入，2009 年和 2012 年又分别确定了两批资源枯竭型城市，分三批总共确定了 69 个资源枯竭型城市（县、区）。其中东北三省占20 个，将近全国 1/3，资源枯竭问题非常严重（见表 3-1）。

表 3-1　　　　　　　　东北资源型城市发展阶段分类

地区	成长型 （1）	成熟型 （12）	衰退型 （19）	再生型 （5）
地级行政区 （21）	松原市	本溪市、吉林市、延边朝鲜族自治州、黑河市、大庆市、鸡西市、牡丹江市	阜新市、抚顺市、辽源市、白山市、伊春市、鹤岗市、双鸭山市、七台河市、大兴安岭地区	鞍山市、盘锦市、葫芦岛市、通化市
县级市（9）		调兵山市、凤城市、尚志市	北票市、九台市、舒兰市、敦化市、五大连池市	大石桥市
县（自治县、林区）（3）		宽甸满族自治县、义县	汪清县	
市辖区（4）			弓长岭区、南票区、杨家杖子开发区、二道江区	

一、资源状况与特点

2014 年东北三省石油、天然气、煤炭和铁矿的储量分别为79273.50 万吨、2168.89 亿立方米、99.40 亿吨和56.69 亿吨，占全国的比重分别为23.09%、4.39%、4.14% 和27.44%，石油和铁矿在全国占有较高比重。石油和天然气以黑龙江为主，辽宁和吉林也有较高的存储量；煤炭主要分布在黑龙江省，而铁矿石主要分布在辽宁省。综合来看，东北地区的矿产资源的分布呈点多面广的状态，少数重要矿产的分布相对集中，多数矿产分散分布。辽宁省铁矿存储量51.7 亿吨，居全国首位，主要集中在鞍山和本溪地区，菱镁矿92453 万吨，占全国的比重达到了85%。黑龙江省的石油和天然气资源集中在松辽盆地的大庆油田，煤炭的90% 集中于东部的四大煤城，铜矿主要集中在嫩江县的多宝山（见表3-2）。

表3-2　　　　　　　　　　东北三省矿产资源储量及占比

项目	石油 （万吨）	天然气 （亿立方米）	煤炭 （亿吨）	铁矿 （矿石，亿吨）
辽宁	15777.40	156.57	27.57	51.67
吉林	18122.30	667.81	9.71	4.67
黑龙江	45373.80	1344.51	62.12	0.35
东北三省	79273.50	2168.89	99.40	56.69
辽宁占全国比重（%）	4.60	0.32	1.15	25.01
吉林占全国比重（%）	5.28	1.35	0.40	2.26
黑龙江占全国比重（%）	13.22	2.72	2.59	0.17
东北占全国比重（%）	23.09	4.39	4.14	27.44

与2003 年相比，东北三省的石油、煤炭和铁矿的储量均出现了较大程度的下降，2003 年石油、煤炭和铁矿储量分别为92776 万吨、

159.4 亿吨和 63.4 亿吨，占全国的比重分别为 38.15%、4.77% 和 29.85%。与振兴战略实施初期相比，东北地区矿产资源储备量在全国的比重均呈现下降趋势。新中国成立后煤炭产量迅速增长，在 1952 年超过新中国成立前最高水平（1944 年），至 1990 年超过 1 亿吨标准煤，东北地区煤炭资源开采总量呈现增长趋势（在 2000 年和 2012 年出现较大的下滑），煤炭生产总量维持在 9000 万~15000 万吨标准煤之间，但是煤炭总产量在全国的比重呈现持续的下降，1985 年在全国所占的比重高达 14.8%，而 2014 年下降至 3.7%，煤炭资源在全国的地位呈现显著下降趋势（见图 3-1）。

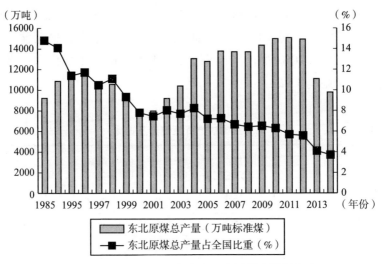

图 3-1　1985~2014 年东北三省原煤产量及占比

二、社会经济基础

2014 年 19 座城市占东北三省 53.7% 的土地面积，人口总数却只占 35.1%；2014 年全区实现地区生产总值 2.125 万亿元，占东北三省 GDP 总量的 36.97%，人均 GDP 略高于三省的平均水平，但是部分城市的 GDP 增长速度明显低于三省的平均水平，双鸭山、鹤岗、伊春三个城市的 GDP 出现负增长，分别为 − 11.5%、− 9.7% 和 − 9.4%。2014 年，第一、第二、第三产业的增加值分别为 2506.9 亿元、11171.4 亿元 和 7578.1 亿元，三次产业所占比重分别为 11.8%、52.6%、35.6%，第三产业发展相对不足，其中大庆市第三产业所占比重仅为 19.8%。2003 年 19 个资源型城市 GDP 总量为 5268.4 亿元，占东北三省的比重 达到了 40.67%，与振兴东北老工业基地战略实施初期相比，资源型城 市所占经济比重出现明显的下滑。2003 年资源型城市三次产业所占比 重分别为 15.3%、55.2%、29.5%，振兴十年后，资源型城市产业结构 调整缓慢，第三产业增长缓慢，第二产业占比下降不够显著。

2014 年 19 个资源型城市人口总数为 3855.3 万人，而与 2003 人口 总数为 3885.45 万人，人口总数出现了一定的下降，资源型城市人口自 然增长率不高，人口外流严重。2014 年鞍山、抚顺、鸡西、鹤岗、双 鸭山、大庆、伊春和黑河市的人口自然增长率均为负值，人口增长动力 不足。2014 年 19 个资源型城市城镇登记失业人数总量为 34.73 万人，占总人口的比重为 0.9%，高于东北地区的平均水平 0.88%。2003 年资 源型城市城镇登记失业人数总量为 43.52 万人，占总人口的比重为 1.12%，振兴东北老工业基地战略实施后，失业问题解决较好。

第二节　东北地区资源型城市转型过程

自 2001 年阜新市确立为国家第一个资源型城市经济转型试点，东 北地区资源型城市转型工作已经开展十多年，国家给予了大量的财力、物力和政策支持，城市转型工作取得了较大的成就，但是依旧存在很多 问题。东北地区资源型城市转型过程中国家给予的各项政策作为域外援 助，对资源型城市面对长期扰动的适应性具有重要的影响。资源型城市 转型过程中存在的主要问题是资源型城市长期面临的扰动，这是识别资 源型城市转型过程中长期扰动的重要办法。资源型城市转型过程中取得 主要成就也是资源型城市应对长期扰动所表现出的适应与转型能力的体现，因此本节重点对资源型城市转型历程、取得的主要成就和存在的主要问题进行了研究，探讨资源型城市发展过程中存在的主要扰动和城市的适应性与转型性过程。

一、东北地区资源型城市转型历程

东北地区资源型城市转型发展大致可以划分为四个阶段：1998～2003 年的转型起步阶段；2003～2008 年的资源型城市经济转型试点阶段；2008～2012 年资源枯竭城市转型阶段；2012 年以后的资源型城市可持续发展阶段。

第一阶段（1998～2003 年）：转型起步阶段。这一阶段主要包括国家实施天然保护林工程和 2001 年确定阜新市为经济转型试点。这一阶段主要是针对典型区域采取的尝试性转型工作，阜新市被确定为全国资源枯竭城市经济转型试点城市，标志着我国资源型城市转型工作的正式开始。

第二阶段（2003～2008 年）：经济转型试点阶段。2003 年 10 月，中共中央、国务院《关于实施东北地区等老工业基地振兴战略的若干意见》正式下发，标志着东北资源型城市转型工作全面开启。规划提出东北地区石油、煤炭、森工等资源型城市要着力调整单一类型的产业结构，并加快矿区环境修复和污染治理，解决好矿山关闭破产、职工安置、沉陷区居民搬迁等紧迫问题；辽宁省阜新市作为全国资源枯竭城市经济转型的试点城市，被明确列入文件之中。2004 年和 2005 年国务院振兴东北地区等老工业基地领导小组第一次和第二次全体会议召开，选择大庆、伊春分别作为石油、森工类型的资源型城市扩大试点，将辽源列入煤炭类型的资源型城市试点。2007 年 8 月 20 日，国务院振兴东北办公室正式公布《东北地区振兴规划》，推进资源型城市可持续发展写入规划，并明确 6 个资源型城市经济转型试点主要任务。2007 年 11 月 28 日，温家宝主持召开国务院常务会议，研究部署促进资源型城市可持续发展工作，并且颁布了《国务院关于促进资源型城市可持续发展的若干意见》。这一阶段以国家资源型城市经济转型试点城市为重点，通过重点部署 6 个试点城市的转型工作，促进东北地区资源型城市的转型进程。

第三阶段（2008～2012 年）：资源枯竭城市转型阶段。2008 年 5 月，首批资源枯竭城市名单经国务院批准，共有 12 个城市被列入，东北地区占 6 个。2009 年 3 月，为落实《国务院关于促进资源型城市可持续发展的若干意见》，有效应对国际金融危机，促进资源型城市可持续发展和区域经济协调发展，国务院确定了第二批 32 个资源枯竭城市，其中东北地区占 10 个。2012 年，国务院确定了第三批 25 个资源枯竭城市。并要求各资源枯竭城市要以转型统领经济社会发展全局，编制好转型规划，用好中央财力性转移支付资金。这一阶段主要通过资源枯竭城市的转型带动东北地区资源型城市的发展，2008～2012 年国家分三批确立了 69 个资源枯竭型城市（县、区），其中东北地区占 20 座。

第四阶段（2012 年以后）：资源型城市可持续发展阶段。2013 年 11 月 12 日，国务院印发《全国资源型城市可持续发展规划（2013～2020 年）》，为全国 262 个资源型城市加快转变经济发展方式、促进资源型城市可持续发展提供依据。2014 年 8 月 8 日，国务院印发《关于近期支持东北振兴若干重大政策举措的意见》，文件提出要完善城市功能，支持城区老工业区和独立工矿区搬迁改造，促进资源型城市转型，每年安排 20 亿元专门用于东北地区城区老工业区和独立工矿区搬迁改造。2016 年 4 月 26 日，中共中央、国务院颁布《全面振兴东北地区等老工业基地的若干意见》，进一步提出了促进资源型城市可持续发展。这一阶段，提出了资源型城市可持续发展的规划，对所有资源型城市转型具有指导意义，并且重点对城区老工业区和独立工矿区的搬迁改造进行了部署，促进资源型城市转型的全面展开。

二、东北地区资源型城市转型取得的主要成就

（一）经济发展速度明显加快，城市环境和基础设施改善明显

实施振兴东北等老工业基地战略后，资源型城市的经济发展速度明

显提升，对比"九五""十五""十一五"期间经济的年均增长速度发现，大多数资源型城市在"十五"和"十一五"期间经济增长速度出现较快增长，阜新、本溪、松原等城市在"十五"期间经济出现较快的增长，辽源、通化、白山、双鸭山和七台河市在"十一五"期间出现了较快的增长，尤其是阜新市，"九五"期间年均增长率仅有2.73%，自2001年确认为国家首批资源枯竭型城市经济转型试点，"十五"期间经济增长率达16.56%，部分年份年均增长率超过20%。"十一五"期间所有的资源型城市都保持较高的经济增长速度，"十一五"期间辽宁、吉林和黑龙江三省的年均经济增长率分别为13.98%、14.9%和12%，多数资源型城市的经济增长率高于所在省份的平均水平，仅有盘锦、葫芦岛和大庆市略低于所在省份的平均水平，实施振兴东北等老工业基地战略后，资源型城市经济增长速度明显加快（见图3-2）。

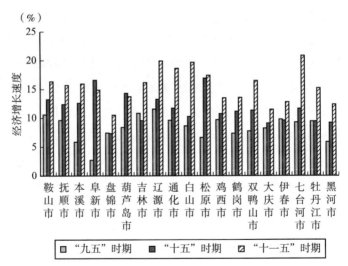

图3-2　资源型城市"九五""十五""十一五"期间经济增长速度

经过十多年的转型发展，东北资源型城市的城市生态环境普遍改善，城市建成区绿化覆盖率、工业废水排放达标率、工业粉尘去除率、环境污染治理力度等普遍提高，从表3-3可以发现，资源型城市建成区绿化覆盖率都显著提高。同时，城市交通、邮电、供水供电、文化教育、卫生事业等基础设施明显改善，人均城市道路面积、医院、卫生院床位数明显增加，同时城市固定资产投资大幅度增加。

表3-3　　　　资源型城市环境治理与基础设施建设状况

城市	建成区绿化覆盖率（%）		工业粉尘去除率（%）		医院、卫生院床位数（张）		人均城市道路面积（平方米）	
	2003年	2013年	2003年	2013年	2003年	2013年	2003年	2013年
鞍山市	35.26	38.82	0.94	0.92	16370	19355	6.31	9.77
抚顺市	37.97	41.7	0.98	0.97	10466	10856	4.16	9.77
本溪市	41.04	50.46	0.96	0.94	9529	10654	4.52	10.96
阜新市	39.24	45.68	0.99	0.98	6290	10290	4.73	6.68
盘锦市	32.23	41.51	0.80	0.98	5504	7031	10.41	14.67
葫芦岛	44.08	42.09	0.93	0.97	7535	14557	3.29	5.89
吉林市	40.65	39.13	0.97	0.98	15072	23397	6.59	11.42
辽源市	23.31	40.28	0.56	0.98	4482	5537	6.25	11.10
通化市	31.59	37.44	0.88	0.98	7432	10960	4.82	19.07
白山市	19.16	29.07	0.98	0.98	5585	7086	4.3	8.54
松原市	32.84	35.66	0.97	0.97	4864	8432	5.03	15.38
鸡西市	27.41	40.24	0.95	0.98	7041	10138	3.5	7.68
鹤岗市	27.33	42.34	0.87	0.99	4552	7475	4.09	6.78
双鸭山	33.78	43.1	0.94	0.98	5247	6844	3.41	8.56
大庆市	33.51	45.36	0.97	0.98	9239	15263	20.62	26.71
伊春市	22.19	29.27	0.74	0.96	4584	6628	5.03	11.74
七台河	11.76	38.51	0.87	0.99	2517	3859	7.12	8.87
牡丹江	46.81	37.81	0.95	0.96	9515	15375	10.42	11.03
黑河市	11.35	30.84	0.99	0.98	6120	7631	5.42	7.81

（二）国企改制重组成效显著，非公有制经济快速发展

资源型城市是在计划经济时期由国家直接投资兴建的，这种投资方式决定了资源型城市国有经济比重过高的发展状况。2005 年，吉林省用一年时间完成了 816 户、涉及百万人的重点国有工业企业改制任务，创造了国企改制的"吉林模式"和"吉林速度"。2004 年黑龙江省的鸡西、鹤岗、双鸭山、七台河四个重点煤矿重组为黑龙江龙煤矿业集团，2008 年变更为黑龙江龙煤矿业控股集团有限责任公司，截止到 2008 年末，总资产 460 亿元，煤炭生产核定能力 5620 万吨/年，发展为东北地区最大的煤炭企业，2009 年在全国煤炭企业 100 强中排名第 12 位，在全国煤炭企业产量 50 强中排名第 7 位。2005 年 8 月，东北地区最大的两家钢铁企业—鞍山钢铁集团公司和本溪钢铁（集团）有限责任公司联合重组成立了鞍本钢铁集团，标志着我国钢铁产业结构调整进入了实质性阶段。

非公有制经济在产业结构调整、拉动经济增长、扩大就业等方面发挥着重要作用，是推动资源型城市经济转型的重要动力，在国有经济退出一般竞争性领域过程中，非公有制经济积极地参与到城市经济活动中，2012 年东北三省国有和集体从业人员数为 861.93 万人，较 2003 年的 1139.25 万人明显下降，尤其是辽宁省和吉林省出现下降幅度较大，辽宁省由 504.95 万人下降到 331.77 万人，吉林省由 235.8 万人下降到 179.41 万人。东北地区 19 个资源型城市（地级市）中多数城市国有和集体从业人员总数出现不同幅度的下降，抚顺、鞍山、本溪等城市下降幅度明显，只有大庆市和鹤岗市出现了上升状况（见图 3-3），2013 年辽宁省国有和集体企业在工业总产值中所占的比例仅为 4%；吉林省民营经济增加值 6607.6 亿元，占 GDP 的比重达 50.9%，主营业务收入亿元以上民营企业达 3579 个；黑龙江省非公有制经济增加值为 7508.6 亿元，占 GDP 的比重为 52.2%，较 2004 年的 33.4% 出现了明显的增加。

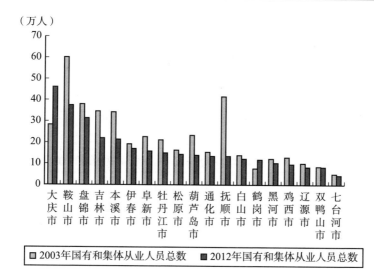

（万人）

图 3 – 3 振兴东北前后资源型城市国有和集体从业人员数

（三）采煤沉陷区、棚户区改造和独立工矿区搬迁改造成效显著

资源型城市往往是"因矿而生，依矿而建"，采煤沉陷区、棚户区和城区老工业区是资源型城市形成和发展过程中特定的历史产物。经国务院批准，按照《国家计委关于采煤沉陷区治理工作有关问题的请示》和《国家发展改革委关于加快采煤沉陷区治理有关问题的请示》等文件要求，从 2003 年起，用 3 年时间完成原国有重点煤矿历史遗留的采煤沉陷区全部受损民房、学校、医院的搬迁或加固，以及供水、道路等设施的维修，国家自 2002 年以来就率先对东北地区 15 个原国有重点煤矿采煤沉陷区进行治理，治理总面积超过 900 平方公里，至 2006 年采煤沉陷区治理已经基本完成。2005 年建设部颁布《关于推进东北地区棚户区改造工作的指导意见》，对推进东北地区棚户区改造提出了具体要求。2012 年 9 月 25 日，李克强在全国资源型城市与独立工矿区可持续发展及棚户区改造工作座谈会上强调，要加快资源型城市可持续发展，推动独立工矿区转型，加大棚户区改造力度，"三位一体"推进。2014 年，国务院印发《关于近期支持东北振兴若干重大政策举措的意

见》，中央财政继续加大对东北地区棚户区改造支持力度，加快推进棚户区改造。2014 年东北地区开工改造 70 万套，据东北三省住建部门提供的数字，2005 年至 2016 年累计改造各类棚户区超过 530 万户，力争再用两三年，在全国率先基本完成现有棚户区改造计划。《国务院关于近期支持东北振兴若干重大政策举措的意见》明确提出在东北地区全面推进独立工矿区改造搬迁工程，为此，国家发展改革委于 2016 年全面启动了东北地区独立工矿区改造搬迁工程，率先选择了 10 个困难突出、条件成熟的独立工矿区纳入支持范围，并已于近期下达中央预算内投资计划 6.8 亿元，支持矿区基础设施、公共服务设施和接续替代产业发展平台等基础性、公益性项目建设，带动地方和社会投资共 36 亿元。

城镇失业人数大幅降低，2003 年资源型城市城镇登记失业人数 41.87 万人，2013 年减少为 35.4 万，鞍山、抚顺、本溪等城市城镇失业人数减少明显（见图 3 - 4），2013 年辽宁、吉林和黑龙江三省的城镇登记失业率分别为 3.4%、3.7% 和 4.4%，与实施振兴东北战略前的 2003 年相比，辽宁和吉林省的城镇登记失业率分别下降 3.1 个和 0.6 个百分点，黑龙江省上升 0.2 个百分点。2012 年东北三省基本养老保险参保人数 2168.9 万人，基本医疗保险人数 4526.3 万人，失业保险人数 1199.9 万人，较上一年分别增加了 37.5 万人、937.4 万人和 13 万人。

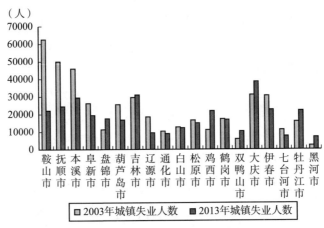

图 3 - 4 振兴东北前后资源型城市城镇失业人数

（四）资源型城市经济转型试点工作稳步推进且替代产业培育效果显著

20 世纪 90 年代以来，东北资源型城市经济转型问题越来越受到国家和地方政府的重视，1998 年 8 月国家启动实施了天保工程，通过天然林禁伐和大幅减少商品木材产量，为东北地区森工类资源型城市的可持续发展提供政策支持。2001 年国务院确定阜新市为我国第一个资源枯竭城市经济转型试点，2003 年 10 月中共中央、国务院发布《关于实施东北地区等老工业基地振兴战略的若干意见》，明确提出推进资源型城市经济转型，2005 年将大庆市和伊春市分别确立为石油类和森工类资源型城市经济转型试点，2007 年将试点扩大到阜新、大庆、伊春、辽源、白山和盘锦 6 个城市，增强试点的带动示范作用。

阜新市重点发展农产品及食品加工、新型的能源和煤化工产业三大支柱产业，到 2007 年，阜新市经济总量由 2001 年的 70.5 亿元上升到 195.5 亿元，年均增长 16.3%，到 2013 年，经济总量达到 615.1 亿元，增长速度远高于全省的平均水平。盘锦转型前的"七五""八五"期间，油气采掘业占全市经济比重高达 70% 以上，油气采掘、石油化工类产品增加值占全部工业增加值 90% 以上，而 2013 年，盘锦非油气产业增加值占全市经济比重达到近 80%，六大接续替代产业增加值占全市经济比重达到 70% 以上。在 2005 年国务院振兴东北地区等老工业基地领导小组第二次会议上，伊春市被确定为国家林业资源型城市经济转型试点，林区采取了国有林区林权制度改革、国有林区碳汇交易、建立活立木交易市场、全面禁伐红松天然林、率先主动停止森林主伐和商业性采伐等一系列改革措施，2013 年，地区生产总值实现 284.4 亿元，增长 9.4%（见表 3 - 4）。辽源市 2008 年被确定为资源枯竭型城市转型、经济转型试点市，辽源市新材料、新能源、医药健康、装备制造、冶金建材、纺织袜业六大接续替代产业初具雏形，2014 年，地区生产总值实现 760 亿元，增长 6.5%，实现工业增加值 369.55 亿元，比上年同期增长 6.0%，6 年总增长 7.3 倍，年均增长 21.7%；主导资源采掘（伐）业实现总产值 24.48 亿元，同比下降 18.0%，6 年总共下降 60.9%。

表 3 - 4　　　资源枯竭城市经济转型试点接续替代产业及发展状况　　　单位:%

经济转型试点	接续替代产业	2012 年GDP 增速	2013 年GDP 增速
阜新	装备制造业、农产品加工业与能源工业三大主导产业	10.92	9.71
大庆	石化工业为主导,现代农业、装备制造、新材料和新能源、高端服务业为支柱的"1+5"产业格局	10.00	11.1
伊春	森林生态旅游、风电水电和新型能源、林下特色种养及加工业、矿产资源的开发利用、林木产品深加工业	12.70	9.41
辽源	新材料、新能源、医药健康、装备制造、冶金建材、纺织袜业 6 大接续替代产业	12.07	15.73
白山	以能源产业、矿产冶金、旅游业为支柱产业,发展矿泉水、人参、医药、林产品加工特色农产品等特色产业	12.40	4.76
盘锦	海洋工程装备制造、石油装备制造、石油化工、新型材料、高新技术、现代服务业"六大主导产业"	10.80	8.52

三、资源型城市转型存在的问题

东北地区资源型城市转型工作已经推进 10 多年,资源型城市转型已经取得了较大的成就,但是资源型城市依据存在人口外流、经济下行、体制性结构性矛盾突出、接续替代产业发展缓慢等问题,这些问题是资源型城市发展面临的主要扰动。

(一) 人口外流严重并且经济下行压力巨大

据 2010 年全国第六次人口普查数据,辽宁、吉林和黑龙江 3 省共流出人口 400 余万,减去流入的人口,东北地区人口净流出 180 万,而第五次人口普查时,东北地区人口净流入 36 万,同时按照全国第六次人口普查数据显示黑龙江、吉林、辽宁的生育率分别为 1.03%、1.03% 和 1.0%,远低于全国水平的 1.5%。低人口自然增长率和较高的人口流出,导致东北地区人口加速减少,已经影响到经济的复苏,而资源型城市低生育率、老龄化加快等问题更加明显。2012 年，东北地区 19 个资源型城市只有松原和大庆两个城市人口自然增长率为正值，其余城市均为负增长，尤其是本溪、白山、鸡西等城市人口自然增长率负增长较快，2013 也有多个资源型城市的人口自然增长率为负值（见图 3－5）。2014 年，东北地区经济增长速度普遍下降，黑龙江、辽宁、吉林三省地区生产总值增速分别为 5.6%、5.8%、6.5%，位列全国各省份的倒数第二、第三、第四位，经济下行压力不断加大，尤其是资源型城市由于受国际产能过剩的影响，经济下行压力更大，2013 年黑龙江省的七台河、鸡西、鹤岗和双鸭山均出现经济的负增长。

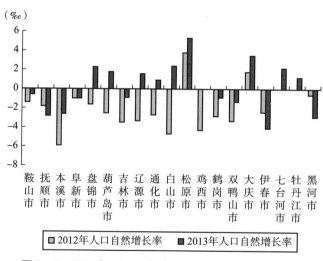

图 3－5　2012 年、2013 年资源型城市人口自然增长率

（二）资源型城市的体制性结构性矛盾仍旧突出

资源型城市多是国家计划经济时期的产物，发展过程中积累了大量的体制问题，在计划经济时期被掩盖，而随着市场经济的发育，资源型城市的体制性、结构性矛盾依旧突出，首先表现在国有经济比重偏大，其他所有制经济发育不良，如黑龙江省的鹤岗、大庆、黑河市公有制经济所占比重超过了 70%，分别达到了 71.7%、76.4% 和 74.1%，鸡西、双鸭山、伊春和七台河市也分别达到了 62.9%、57.7%、59.6% 和 42.5%。其次表现为产业结构单一且结构偏重，以采掘业和相关产业为主的第二产业比重偏大，三产发展不足，从东北三省地级资源型城市与其所在省份的平均水平看，鞍山、抚顺、本溪、盘锦、辽源、通化、白山和大庆等城市第二产业普遍偏大，而第三产业发展不足。

（三）资源枯竭问题严重接续替代产业发展缓慢

经过大规模的开采后，东北资源枯竭问题逐渐凸显，2008 年、2009 年、2012 年，中国分三批确定的 69 个资源枯竭型城市（县、区）中东北三省占 20 个，占全国的近 1/3，东北三省的煤炭资源优势逐渐丧失，2015 年东北三省煤炭储量仅占全国的 4.0%，大庆油田的可开采储量逐渐下降，产量逐年下降，即便是可再生的森林资源，由于多年重采轻育，多数林区出现无林可采的局面。随着资源的逐步枯竭，而东北资源型城市接续替代产业发展却较缓慢，除部分资源枯竭城市如阜新、辽源等城市，东北地区资源型城市转型大多处于探索转型的早期阶段，多数资源型未找到有效的发挥地方比较优势、促进就业的接续替代产业，替代产业培育进程缓慢。

第三节　东北地区资源型城市转型绩效评价

资源型城市转型绩效评价是对资源型城市转型的系统评价，通过系统、综合的方法将转型绩效进行量化分析，对目前资源型城市转型取得主要成就和存在的问题进行了综合的分析，为下一步工作提供指导依据。转型绩效的评价对量化不同城市转型过程的差异，对资源型城市经济弹性过程进行分析提供研究基础，通过分析不同城市转型绩效的差异了解不同资源型城市经济弹性特征。

学者对资源型城市发展与转型已进行了大量的研究，包括资源型城市问题的成因及其机理（Bradbury，1979），经济转型及对资源型城镇的经济发展、劳动力市场和社区发展等带来的影响（Houghton，1993；董锋，2007），资源型城市的社会发展（Hajkowicz，2011）、城市效率（Sun，2012），城市转型的政策影响（Shen，2001；Matshediso，2005）等方面。20 世纪末期可持续发展理论日趋完善，此后资源型城市可持续发展成为重要议题（柳泽，2011），学者对资源型城市及资源型产业的可持续发展分析框架、分析方法进行研究，确定可持续发展的研究指标（Azapagic，2004；Chen，2014），并从不同区域尺度选取样本进行实证研究，余建辉（Yu，2008）测度中国 78 个资源型的可持续发展能力，并对不同类型城市的可持续发展能力进行分析，王录仓（2005）、董锋（2010）等分别从省域到单个资源型城市对城市的可持续发展能力进行研究。另外，从经济发展水平、产业结构、科技进步、出口依存度、城市规模、城市类型等因素对关于资源型城市的可持续发展的影响因素进行研究（郭存芝，2014）。由于矿产和森林资源是不可再生资源，决定了城市转型是资源型城市必然面临的问题，城市转型是指城市在各个领域、各个方面发生重大的变化或转折，是一种多方面、多层次、多领域、多视角的综合转型。目前已经对资源型城市转型、城市可持续发展及其影响因素进行了大量的研究，但关于资源型城市转型的绩效问题却较少有研究，只有余建辉等学者对中国资源枯竭型城市的转型效果进行了试探性研究（余建辉等，2013；余建辉等，2011），缺少对资源型城市转型绩效的系统研究方法及对城市转型绩效影响机理的分析。

"绩效"常应用于管理学领域的理论和实践中，指个人、团队或组织从事一种活动所获取的成绩和效果（Pälli et al.，2014；Pettijohn et al.，2001；蔡永红等，2001），资源型城市转型绩效是指开展城市转型工作后，在经济、社会和生态环境等方面所取得的成就。资源型城市转型通常是指通过转变资源型城市的主导产业来重塑城市经济，这个过程往往对城市的居民生活质量、社会稳定以及生态环境产生积极的作用，因此，本书定义资源型城市转型绩效为城市采取转型措施后在经济、社会和生态环境方面所取得的主要成就，包括经济转型绩效、社会转型绩效和生态环境转型绩效三个方面。经济转型绩效重点关注产业重构、经济产出、政府税收和政府财政支出等方面；社会转型绩效重点关注居民收入、失业率、教育和医疗等方面；环境绩效重点指环境保护投资力度、能源利用效率以及污染物处理状况。

资源型城市转型与可持续发展是振兴东北老工业基地战略的重点问题（张平宇，2008），自2003年实施振兴东北等老工业基地战略以来，国家对东北资源型城市转型提供了强大的政策保障和资金支持，资源型城市转型工作已开展10多年，确定资源型城市转型的评价方法，对城市转型绩效进行研究，并探究转型绩效的影响机理，为下一步继续开展城市转型工作，具有重要的理论和现实意义。本书构建资源型城市可持续发展指标体系，运用城市可持续发展能力指标增加量表示城市的转型绩效，探究城市转型绩效的差异性。

一、指标选取与内涵界定

资源型城市转型涉及经济、社会、生态环境等方面，城市转型的最终目标是实现城市的可持续发展，从经济、社会和生态环境三个方面选取24个指标构建资源型城市可持续发展指标体系，用初始年份到评价年份城市可持续发展能力指标的增加量表示各城市综合转型绩效。

（一）经济可持续发展评价指标体系及指标解释

（1）人均GDP：国内生产总值（GDP）与领土范围内常住人口的比值。主要反映城市人均创造财富的能力，代表城市经济发展水平。

（2）财政收支比：一般公共财政收入与一般公共财政支出的比值。由于资源型城市的财政收支矛盾突出，因此财政收支比能反映城市的财政能力。

（3）市辖区人均固定资产投资额：市辖区固定资产投资额与市辖区总人口的比值，是反映固定资产投资规模和发展速度的综合性指标。

（4）规模以上企业资产利润率：规模以上工业企业利润总额与规

模以上企业资产合计的比值，它是反映企业经营活力的重要指标。

（5）第三产业增加值占 GDP 比重：资源型城市第三产业发展普遍偏弱，因此第三产业增加值占 GDP 比重是反映资源型城市产业结构优化程度的重要指标。

（6）资源型产业就业人数比重：选取采掘业单位从业人员代表资源型产业的就业人数占全市单位从业人员总数的比重，表示资源型产业就业人数比重。采掘业从业人员所占的比重越高，代表资源型城市经济对资源的依赖度越高，经济发展活力不足。

（7）国有和集体单位从业人员数：指国有企业和集体企业单位从业人员数占全市单位从业人员总数的比重。它是反映地区国有和集体经济所占比重的指标，由于东北地区国有经济比重偏高，民营经济发展普遍不足，因此国有和集体单位从业人员数间接反映国有经济比重，该指标数值过高代表经济发展活力不足，民营经济发展弱。

（二）社会可持续发展评价指标体系及指标解释

（1）人口总数：反映城市规模的指标，资源型城市人口流失严重，人口数量的变化对资源型城市社会转型具有重要的指示意义。

（2）城镇人口登记失业人数：有非农业户口、在一定劳动年龄、有劳动能力、无业而要求就业，并在当地劳动保障部门进行事业登记的人员。城镇登记失业人数的变化反映了城市解决失业问题的能力。

（3）教育科学支出占 GDP 比重：地方财政支出中教育支出和科技支出的和占 GDP 的比重，反映了资源型城市对教育和科技的投入力度。

（4）城镇居民人均可支配收入：家庭总收入扣除交纳的所得税、个人交纳的社会保障费以及调查户的记账补贴后的收入，是指居民家庭全部现金收入能用于安排家庭日常生活的那部分收入，是体现居民生活质量的重要指标。

（5）万人高等学校在校生数：高等教育在校生数与人口总数的比值，反映了城市高等教育的发展水平，也是城市人才力量的反映。

（6）失业保险参保率：失业保险参保人数占城镇就业人数的比重，是反映居民就业保障的重要指标。

（7）人均社会消费品零售总额：反映一定时期内人民物质文化生活水平的提高情况，反映社会商品购买力的实现程度，以及零售市场的规模状况。

（三）生态环境可持续发展评价指标体系及指标解释

（1）城市建设用地占市辖区面积比重：市辖区城市建设用地占市辖区面积的比例。它是反映城市建设集聚程度及城市扩张速度的指标。

（2）环境保护投资总额占 GDP 比重：城市环境保护投资总额与GDP 的比重。它反映了资源型城市对环境治理的投资强度。

（3）单位工业产值耗电量：工业耗电量与工业总产值的比重，它反映了工业对能源消耗的指标。

（4）市辖区人均供水总量：市辖区供水总量与市辖区人口总数的比重，它反映了区域水资源的丰裕程度。

（5）工业废水排放量：反映城市工业废水排放规模的指标，用工业废水排放量的增加量表示资源型城市环境转型中工业废水的减排力度。

（6）工业粉尘排放量：反映城市工业粉尘排放规模的指标，用工业粉尘排放量的增加量表示资源型城市环境转型中工业粉尘的减排力度。

（7）万元 GDP 三废排放指数：万元 GDP 产值产生的工业废水、工业粉尘和工业 SO_2 排放量标准化后求和，它反映了工业污染物排放的综合指数。

二、研究方法

为消除由于量纲及数量级大小不同造成的影响，对原始数据进行标准化处理，计算公式如下：

$$X'_{ij} = \begin{cases} (X_{ij} - X_j\min)/(X_j\max - X_j\min)\,; & X_{ij}\text{为正向指标} \\ (X_j\max - X_{ij})/(X_j\max - X_j\min)\,; & X_{ij}\text{为负向指标} \end{cases}$$

X_{ij} 为原始指标，$X_j\max$，$X_j\min$ 分别是第 j 个指标中的最大值和最小值，经过标准化处理，使所有的指标值都在 $[0, 1]$ 范围内。

本书采用主观赋值法的模糊层次分析法（AHP）和客观赋值法的熵值法进行权重设置，熵值法的计算过程如下：

（1）构建判断矩阵，并计算第 i 个样本点第 j 项指标的比重：$Y = (Y_{ij})_{mjm}$，$y_{ij} = (x_{ij})/\sum\limits_{i=1}^{m} x_{ij}$。

（2）指标信息熵的计算：$e_j = -k\sum\limits_{i=1}^{m} y_{ij}\ln y_{ij}$，$k = (\ln m)^{-1}$。

（3）信息冗余度的计算：$h_j = 1 - e_j$。

（4）指标权重的计算：$w_{2j} = h_j/\sum\limits_{j=1}^{n} h_j$。

模糊层次分析法和熵值法得出的权重分别为 w_{1j} 和 w_{2j}，然后根据最小相对信息熵原理，确定综合权重为 $w_j = \sqrt{w_{1j} \cdot w_{2j}}/\sum\limits_{j}^{m} \sqrt{w_{1j} \cdot w_{2j}}$，求得各城市转型的综合绩效值 $z_j = w_j \cdot x'_{ij}$。

运用层次分析法确定指标权重过程中，首先参考相关文献对不同指标权重的设置，同时考虑我国资源型城市转型的首要任务是实现产业转型，通过产业转型带动社会和生态环境的改善，因此在指标权重设置过程中，首先对准则层的权重进行设置，认为经济可持续的作用最大，其次为社会可持续和生态环境可持续发展，具体设置重要关系过程中认为"社会可持续性"与"经济可持续性"相比，后者比前者微小重要，"社会可持续"和"环境可持续"具有同等重要性，"经济可持续"比"环境可持续"稍微重要，一致性通过检验。

进一步分别计算经济可持续性、社会可持续性和生态环境可持续性各项指标的相对权重，以经济可持续性计算结果为例（见表 3 - 5）进行简要分析，采用 1~9 标度对重要性判断结果进行量化，矩阵通过一致性检验。例如，人均 GDP 相比于人均固定资产投资的重要性判断结果为 5，说明人均 GDP 相比于人均固定资产投资比较重要；人均固定资产投资比相比于国有和集体单位从业人员数的重要性判断结果为 1/3，说明集体单位从业人员数较人均固定资产投资稍微重要。

表 3 - 5　　　　　　　　　经济可持续性指标判断矩阵

项目	人均GDP	财政收支比	人均固定资产投资	规模以上企业资产利润率	资源型产业就业人数比重	国有和集体单位从业人员数	第三产业增加值占GDP比重	科研、技术服务和地质勘察业从业人数比重
人均 GDP		4	5	5	2	3	6	8
财政收支比			2	2	1/4	1/2	3	5
人均固定资产投资				1	1/4	1/3	1/2	4
规模以上企业资产利润率					1/4	1/3	1/2	4
资源型产业就业人数比重						2	5	7
国有和集体单位从业人员数							4	6
第三产业增加值占 GDP 比重								3
科研、技术服务和地质勘察业从业人数比重								

运用熵值法和 AHP 方法求得各指标的权重，并运算综合权重，确定各指标的作用方向，运算结果如表 3 - 6 所示。

表 3 – 6　　　　　资源型城市可持续发展能力评价指标体系

目标层	准则层	指标层	熵值法	AHP	综合权重	作用方向
资源型城市可持续发展能力	经济可持续	人均 GDP（万元）	0.0583	0.1752	0.1151	+
		财政收支比（％）	0.0358	0.0525	0.0494	+
		人均固定资产投资（元）	0.0679	0.0291	0.0506	+
		规模以上企业资产利润率（％）	0.0276	0.0291	0.0323	+
		科研、技术服务和地质勘察业从业人数比重（％）	0.0375	0.0118	0.0240	+
		第三产业增加值占 GDP 比重（％）	0.0438	0.0317	0.0424	+
		资源型产业就业人数比重（％）	0.0333	0.1273	0.0742	−
		国有和集体单位从业人员数（万人）	0.0282	0.0828	0.0551	−
	社会可持续	人口总数（万人）	0.0496	0.0091	0.0242	+
		城镇人口登记失业人数（％）	0.0374	0.0975	0.0688	−
		教育科学支出占 GDP 比重（％）	0.0297	0.0687	0.0515	+
		城镇居民人均可支配收入（元）	0.0534	0.0091	0.0251	+
		万人高等学校在校生数（人）	0.0402	0.0138	0.0268	+
		万人床位数（个）	0.0454	0.0208	0.0350	+
		失业保险参保率（％）	0.0572	0.0468	0.0589	+
		人均社会消费品零售总额（元）	0.0267	0.0313	0.0330	+
	生态环境可持续	城市建设用地占市辖区面积比重（％）	0.0262	0.0114	0.0197	−
		环境保护投资总额占 GDP 比重（％）	0.0723	0.0076	0.0267	+
		单位工业产值耗电量（千瓦时/万元）	0.0205	0.0258	0.0262	−
		市辖区人均供水总量（吨）	0.0483	0.0172	0.0328	+
		市辖区绿化覆盖率（％）	0.0337	0.0536	0.0484	+
		工业废水排放量（万吨）	0.0377	0.005	0.0156	−
		工业粉尘排放量（吨）	0.0436	0.005	0.0168	−
		万元 GDP 三废排放指数	0.0456	0.0378	0.0473	−

三、资源型城市转型绩效评价结果

计算 2003 年以来 19 个资源型城市及东北地区城市转型绩效，结果如图 3-6 所示。从测度结果可以发现，资源型城市转型绩效的差距不是很大，转型绩效最好的辽源市与最差的黑河市仅相差 0.244，城市转型绩效的区域差异不大，这与东北地区资源型城市经济实力普遍较弱且发展缓慢有重要关系。东北地区资源型城市可持续发展能力增加量超过东北三省平均水平的城市有辽源、松原等 8 个城市，城市转型效果较明显，转型绩效排名前三位的城市分别为吉林省的辽源市、松原市和白山市，转型较差的城市为黑龙江省的鸡西、伊春和黑河。从区域来看，吉林省和辽宁省资源型城市的转型效果好于黑龙江省，辽宁省、吉林省和黑龙江三个省份城市转型绩效均值分别为 0.458、0.491 和 0.381。黑龙江省城市转型绩效较差，一方面与全省资源型城市区位交通条件较差，经济发展环境相对较差等自身原因有关外；另一方面也与国家的政策支持有密切关系，2008 年、2009 年和 2011 年国家分三批确定了 69 个资源枯竭型城市（县、区），资源枯竭型城市以吉林省和辽宁省为主体，黑龙江省资源枯竭型城市相对较少，中央财政给予资源枯竭型城市

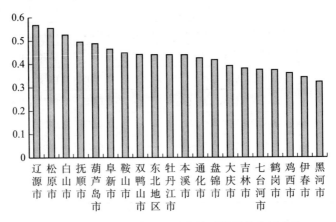

图 3-6　东北地区资源型城市转型绩效综合测度值

大量财力性转移支付资金，用于支持公共基础设施建设、生态环境恢复、发展接续替代产业、解决企业历史遗留问题等，黑龙江省得到的域外支持力度相对较小。

分析经济转型、社会转型和生态环境转型对资源型城市转型的影响可以发现，经济转型对城市转型的贡献率最高，为 0.443，社会转型和生态环境转型的贡献率分别为 0.323 和 0.234，这也说明经济转型是城市转型的基础。

经济转型绩效与城市转型绩效总体趋势相近，辽源、双鸭山和松原三个城市经济转型绩效最好，而鹤岗、七台河和大庆等城市经济转型不足（见图 3 - 7）。大庆市经济转型排名与城市转型排名有较大差别，经济转型绩效较差，全市产业结构调整缓慢，对石油生产具有高度依赖性，第一产业和第三产业发育不良，2012 年第三产业产值所占比重为15.2%，仅比 2003 年提高 4.8 个百分点，国有经济比重过高，国有和集体单位从业人数从 2003 年的 28.4 万人增长到 2012 年的 46.16 万人。辽源市作为经济转型效果最好的城市，也体现出其经济弹性的特征，辽源市作为首批经济转型试点，国家给予大量的政策优惠，城市外部援助能力较强，城市适应能力和转型性均较高，导致城市转型较好，而黑龙江省的煤炭城市（鹤岗、七台河）等城市面临煤炭价格走低等扰动，导致城市经济转型较差。

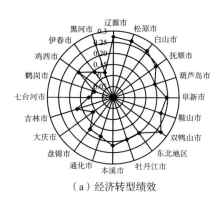

（a）经济转型绩效

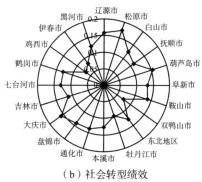

（b）社会转型绩效

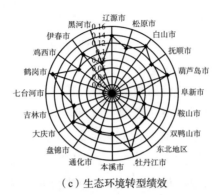

（c）生态环境转型绩效

图 3-7 东北地区资源型城市经济、社会和生态环境转型绩效

社会转型方面，松原、大庆等排名比较靠前，主要是因为石油城市综合经济实力强，为城市可持续发展奠定坚实的经济基础，在基础设施改造，居民物质生活水平提高，教育、医疗等公共服务发展等方面具有明显的优势。双鸭山、鸡西等城市社会转型排名比较靠后，主要是由于煤炭可开采量逐渐下降，开采成本上升，大量煤矿企业关闭，下岗和失业人数众多，2012 年两市城镇登记失业人数 3.56 万，较 2003 年的 2.34 万增加 52.1%。各城市生态环境转型差距不大，转型效果最好的鹤岗市与转型最差的阜新市仅差 0.085，生态转型效果高于东北地区平均水平的城市有 10 个，说明资源型城市转型普遍重视生态环境建设，区域差异不明显。

依据资源种类将资源型城市划分为石油类、冶金类、煤炭类、森工类和综合类，分别计算各类城市成绩转型绩效的均值，如表 3-7 所示，发现综合类和石油类城市转型效果较好，而煤炭类和森工类城市转型效果较差。三个综合性城市转型效果较好，主要由于葫芦岛和通化两市矿产资源种类多样，城市对单一矿产资源依赖性相对较小；辽源市由于煤炭资源已经枯竭，城市必须进行接续产业的培育，辽源市目前已经形成了以新材料、健康产业和传统优势产业为主的新产业格局，因此这类城市转型难度相对较小，城市转型效果较好。石油类城市的综合经济实力强，并且东北的石油类城市资源储量丰富，开发潜力大，因此居民生活

质量、就业等社会问题改善较好，并且石油开采对生态环境的破坏相对
较小，没有太严重的生态问题产生，其在生态环境治理等方面有着天然
的优势，但是对石油经济的过度依赖，导致产业结构高度单一，石油和
石油化工所占比重过高，输出产品以石油资源初级开发及相关行业为
主，产业链较短，产品竞争力不足，导致经济转型效果较差（刘云刚，
2000）。冶金类城市经济转型效果较好，与工业结构调整有重要关系，
本溪市加快发展生物医药产业，2012 年全年销售总额 300 亿元，占全
市 GDP 总量的 28.6%，鞍山市依靠鞍钢集团，大力发展精特钢、钢铁
深加工和菱镁新材料等产业；但是生态环境转型最差，主要是由于大量
的露天开采产生大量的降尘，同时钢铁冶炼消耗大量的能源和水，产生
大量污染物，严重影响城市生态环境的改善。

表 3 - 7　　　　　　　　　不同资源类型城市转型绩效均值

城市类型	城市转型	经济转型	社会转型	生态环境转型
综合类城市	0.4937	0.2173	0.1490	0.1245
石油类城市	0.4544	0.1857	0.1574	0.1089
钢铁类城市	0.4435	0.2225	0.1315	0.0894
煤炭城市	0.4183	0.1907	0.1070	0.1084
森工类城市	0.4022	0.1775	0.1073	0.1138

　　煤炭类城市转型效果整体较差，尤其是黑龙江省四大煤城转型排序
靠后，主要由于煤炭城市以煤炭开采和初加工为主导产业，但长期以来
煤炭产品价格较低，企业资产负债率较高，失业人员众多，煤炭的开采
和加工产生严重的水资源污染、地面塌陷和大气污染等问题（郝传波
等，2006，蒋建权等，2000）。森工类城市转型绩效整体最差，主要由
于区位偏远，区域发展缺乏发达经济中心的带动，经济发展市场狭小；
另外由于计划经济时期长期集中过量采伐，造成可采林木资源逐步枯
竭，2000 年国家实施受天然林资源保护工程，森林采伐受到严格限制，
造成资源枯竭程度更深。

第四节　东北地区资源型城市转型绩效影响因素研究

一、资源型城市转型影响因素选取

资源型城市转型是一个十分复杂的系统工程，不但受自身条件的限制，还要受到外部环境的影响（张平宇，2005），从可开采资源量、交通区位、要素投入和国家政策支持、城市发展基础5个方面选取8个指标对影响资源型城市转型的因素进行。

可开采资源是资源型城市发展的基础，《全国资源型城市可持续发展规划（2013~2020年）》依据城市资源保障能力将城市划分为成长型、成熟型、衰退型和再生型四类。成长型城市的资源开发处于上升阶段，资源保障潜力大，经济社会发展后劲足，是能源资源的供给和后备基地；成熟型城市的资源开发处于稳定阶段，资源保障能力强，经济社会发展水平较高，是能源资源安全保障的核心区；而衰退型城市的资源趋于枯竭，经济发展滞后，民生问题突出，生态环境压力大，是加快转变经济发展方式的重点难点地区；再生型城市基本摆脱了资源依赖，经济社会开始步入良性发展轨道，是资源型城市转变经济发展方式的先行区。因此分别为四类城市的可开采资源量赋值为4、3、2、1分。

由于决定矿场资源分布的地层、构造条件、古地理条件等与影响城市布局的社会、经济、交通等要素在空间上并不能高度耦合，因而导致资源型城市往往远离经济中心城市，资源型城市区位偏远在学术上已经达成一定的共识（孙威等，2013；朱训，2004），因此交通区位是决定资源型城市转型的重要因素，本书选取区位优势和交通密度两个指标表征交通区位，区位优势用各城市距离省会城市的交通距离表征，交通密度以各市的公路里程与城市面积的比值进行计算。

要素投入是经济发展的基础，本书分别用单位市辖区面积固定资产累计投资额和单位从业人员数占总人数的累计比从物力投入和人力投入两方面表征要素投入。依据受国家政策支持力度，对各城市政策支持进行赋值，具体如表3-8所示。

表3-8　　　东北资源型城市接受国家政策支持定性赋值

城市	级别	赋值
鞍山，本溪，松原，鸡西，牡丹江	一般类资源型城市	1
鹤岗，双鸭山	第三批国家资源枯竭型城市	2
通化（二道江区）	第三批国家资源枯竭型城市（市辖区）	2
抚顺，七台河	第二批国家资源枯竭型城市	3
吉林（舒兰）黑河（五大连池地区）	第二批国家资源枯竭型城市（县级市）	3
葫芦岛（南票区）	第二批国家资源枯竭型城市（市辖区）	3
大庆	国家经济转型试点，第一批资源枯竭型城市	4
阜新，盘锦，辽源，白山，伊春	国家经济转型试点，第一批资源枯竭型城市	4

用2003年城市可持续发展能力和城市规模两个指标表示城市发展基础。分别计算2003年资源型城市可持续发展基础，如图3-8所示。运用市辖区总人口表示城市规模，并对资源型城市的城市规模进行分类。

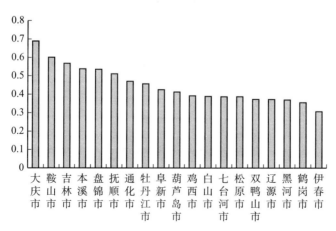

图3-8　2003年资源型城市可持续发展能力

二、研究方法

地理探测器（geographical detector）最初应用于地方性疾病风险和相关地理影响因素的研究（Wang et al.，2010），后应用于城镇化、经济增长等社会经济领域。与传统统计方法相比，地理探测器模型在假设方面受到的制约较少（Hu et al.，2011）。因子探测模块（factor detector）是检验某个环境因素是否是形成某事物空间分布原因，其检验原理是：地理事物总是存在于特定的空间位置上，影响其发展变化的环境因素在空间上具有差异性，若某环境因素和地理事物的变化在空间上具有显著的一致性，则说明这种环境因素对地理事物的发生和发展具有决定意义（Wang et al.，2010，丁悦；2014）。假设区域内资源型城市转型绩效为 U，n 为城市总数，$D = \{D_i\}$（i 为因子分类数）是一种城市转型的影响因素，i 的分类数为 m，叠置 U 和 D 图层，则在影响因子 D 的每个子区域内，U 的离散方差记为 $\sigma^2_{U_{D,i}}$（$i = 1$，2，$\cdots$，m），则影响因子 D 对资源型城市转型绩效 U 的决定力大小 $P_{D,U}$ 定义为：

$$P_{D,U} = 1 - \frac{1}{n\sigma^2_U} \sum_{i=1}^m (n_{D,i} \cdot \sigma^2_{U_{D,i}})$$

$\sigma^2_{U_{D,i}}$ 代表在影响因子 D 的子区域 i 内的城市数，σ^2_U 整个区域的离散方差，$P_{D,U}$ 的取值区间为 ［0，1］，当 $P_{D,U} = 0$ 时，表明资源型城市转型绩效呈随机分布，$P_{D,U}$ 值越大，说明影响因子 D 对城市转型的影响越大。

三、资源型城市转型绩效影响因素结果分析

地理探测器针对类别数据的算法优于连续数据，首先用 ARCGIS 自然间断点分级法对连续性探测因子进行分类，各探测因子的类别空间分布，然后利用地理探测器测算方法，分别计算各探测因子对资源型城市

转型的影响能力的 $P_{D,G}$ 值（见表 3 - 9），研究不同因素对资源型城市转型绩效的影响强度。

表 3 - 9　　　　　　　　　资源型城市转型影响因子探测结果

探测因素	$P_{D,U}$			
	东北地区	辽宁省	吉林省	黑龙江省
可开采资源量（X_1）	0.179	0.558	0.998	0.148
道路密度（X_2）	0.381	0.419	0.453	0.324
区位优势度（X_3）	0.289	0.243	0.733	0.572
资本投入（X_4）	0.343	0.953	0.680	0.393
劳动力投入（X_5）	0.157	0.395	0.347	0.264
可持续发展基础（X_6）	0.173	0.640	0.222	0.609
城市规模（X_7）	0.191	0.205	0.269	0.648
政策支持（X_8）	0.103	0.373	0.998	0.751

从整个东北三省影响因素的 $P_{D,U}$ 值分析发现，各探测因子的作用强度相对较小，而各省份内进行因子探测，探测因子的决定作用较大，主要是因为各省份作为相对独立的行政单元，省份间城市转型的发展环境差异较大，各省份城市转型受影响因素的作用机理和作用强度都有所差别。

从东北三省看，资本投入（X_4）、公路密度（X_2）和区位优势（X_3）三个要素对城市转型的决定力最大。由于城市转型成本巨大，而资源型城市资金短缺、筹资困难，因此转型资金成为城市转型最突出、最严峻的问题。接续产业及其配套产业的培育、衰退产业的退出成本、生态环境的治理以及城市基础设施的建设都需要大量的资金投入，其中政府的资金投入主要起到了导向和带动作用，因此固定资产投资对城市转型影响最大。资源型城市往往是"因资源而生"，而资源分布与影响城市布局的经济、社会、交通等因素在空间上并不完全耦合，导致城市往往远离经济中心城市（孙威，2013），并且缺乏重要的交通干线，交通区位条件差成为资源型城市转型的阻力，而交通区位条件相对较好的城市，转型效果相对较好，因此东北资源转型效果好的城市主要分布于辽宁和吉林省中部的哈大铁路沿线，而黑龙江省区位偏远的城市转型较差。整体来看，区位条件决定了资源型城市转型的基础，良好的区位条件是城市转型的先天优势条件；资金是影响城市转型的主要的外部因素，目前来看依旧是城市转型的最大影响因素。

城市规模（X_7）、可开采资源（X_1）和可持续发展基础（X_6）对城市转型的决定力较大。计算不同规模城市转型绩效均值，市辖区总人口少于 20 万、20 万~50 万、50 万~100 万和大于 100 万的转型绩效均值分别为 0.360、0.448、0.425 和 0.446，可以发现小城市黑河市转型绩效较差，主要由于黑河市区位偏远，城市发展状况较差，而市辖区非农人口在 20 万~50 万的中等城市和大于 100 万的特大城市转型效果较好。成长型、成熟型、衰退型和再生型四类城市转型效果均值分别为 0.554、0.389、0.448 和 0.445。转型效果最好的是成长型城市，资源开发处于上升阶段，资源保障潜力大，经济发展后劲足，城市转型难度较小；衰退型城市转型效果次之，主要由于城市资源趋于枯竭，民生问题突出，生态环境压力大，城市必须进行转型；转型效果最差的是成熟型城市，这类城市资源开发处于稳定阶段，资源保障能力较强，城市对资源依赖性较强，在培养接替产业、改善生态环境等方面动力不足。可持续发展基础决定了城市转型的发展环境，对城市转型影响较大。国家政策支持（X_8）和人员投入（X_5）的作用相对较小，国家政策支持作用强度较小主要因为各省份城市转型差异较大，导致整体影响作用不显著；人员投入对东北地区和各个省份的影响作用都不强。

对辽宁省城市转型影响力较大的因素主要是物力投入、可持续发展基础和可开采资源量，物力投入与城市转型正相关关系，可持续发展基础与城市转型成负相关，可持续发展基础较差的葫芦岛市转型绩效较好。对吉林省城市转型影响力较大的因素主要是国家政策支持、可开采资源量和区位优势，三者均与城市转型呈正相关关系，辽源和白山两个国家资源型城市经济转型试点转型绩效较好，区位条件较好并处于成长期的松原市转型效果较好。对黑龙江省城市转型影响较大的因素主要是国家政策支持、城市规模和可持续发展基础，城市规模与可持续发展基础与城市转型绩效呈正相关，国家政策支持却与城市转型绩效呈负相关，主要是由于国家政策重点扶持的伊春市城市发展环境较差，而大庆市经济转型效果较差。

第四章

东北地区资源型城市转型的经济弹性研究

从资源型城市的转型过程以及不同城市转型绩效的差异可以发现，东北地区资源型城市转型取得了一定的成就，但是资源型城市转型发展过程中仍然存在很多问题。东北地区资源型城市发展面临着资源衰退、失业率高、产业结构单一等长期扰动和经济下行等短期危机要明显高于其他类型城市，这就导致资源型城市面对这些扰动的经济弹性要低于普通城市。研究资源型城市转型过程和城市面临的主要扰动是测度资源型城市经济弹性的基础，而通过测量资源型城市应对长期扰动和短期危机的经济弹性的差异，提出不同资源型城市提高经济弹性的对策措施，对促进不同类型资源型城市的转型效果也同样具有重要的作用。本章将首先分析资源型城市应对短期衰退和长期扰动的经济弹性整体特征，接着测度不同城市应对两种扰动的经济弹性能力差异及其主要影响因素，为提高城市经济弹性，促进资源型城市转型发展有重要的指导作用。

第一节　资源型城市经济弹性整体特征

一、资源型城市经济弹性分析框架

弹性通常被认为是系统应对某种扰动所表现出的应对能力。资源型城市面临的扰动通常来自两个方面：一方面是来自系统内部的扰动因素，这其中包括资源的枯竭、矿产品加工对城市生态环境的污染、下岗失业、城市贫困等问题，这类问题往往是一种缓慢的危机，通常由系统自身的要素属性决定；另一方面则是来自系统外部的冲击，例如国内资源市场价格、国家政策调整、外部经济要素供给条件以及国际大的经济发展环境，这种扰动通常比较突然，通常是由于外部的衰退等原因引起。因此本书根据扰动的类型将资源型城市转型过程的弹性分为两类，一类是应对某一短期经济危机的弹性，多强调应对外部扰动的过程分析，称为狭义经济弹性（special resilience）；另一类是指系统应对长期面临的扰动的弹性，既强调应对危机的过程分析也强调系统的属性特征，称为广义经济弹性（general resilience）（见图 4 − 1）。

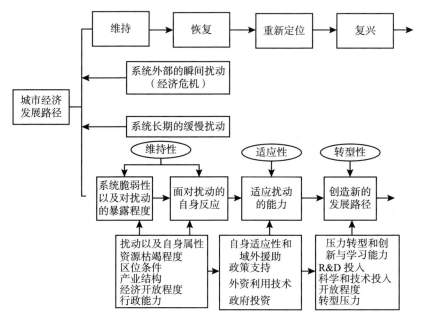

图 4 − 1 资源型城市经济弹性分析框架

演化弹性理论将弹性的研究内容拓宽为复杂社会—生态系统在不同时间和空间尺度的维持、适应和转型相互作用的过程，将弹性看作是系统面对扰动的一个发展过程。资源型城市经济弹性是由城市经济系统面对内外部扰动的维持性、适应性和转型性三方面决定。维持性是指系统在受到内部或者外部压力过程中所表现出来的维持系统原始结构的能力，主要由城市经济系统所受的外部压力和自身属性的缓冲能力两个方面决定，受区位条件、产业结构、经济开放程度等因素影响较大。在评价资源型城市经济系统维持性时可从扰动强度和经济结构两个方面选取资源枯竭程度、资源型产业产值占比等指标进行定量化研究。适应性抓住系统学习、组合经验知识的能力，使系统在目前的稳定域内继续发展的能力。城市经济系统适应扰动的能力主要受自身的适应能力以及域外援助水平两方面影响，自身适应性可以通过人均 GDP、人均地方财政收入等表征区域经济发展基础的指标进行表征，而域外援助水平可以运用国家政策支持力度、外资依存度等指标进行表征。转型性是指当目前的社会、经济和生态结构不足以维持当前的状态时，当前系统创造一个新系统的能力。城市经济系统的转型性主要由压力转型和创新与学习能力两方面决定。

演化地理学者在研究系统应对长期缓慢扰动的经济弹性过程中，重点强调区域进行经济结构重构的能力，尤其是区域发展新增长路径的能力，因此在实证研究中关注新路径的创造能力以及新路径的适应能力。具体研究方法主要是界定研究时间段内城市经济发展的新老路径，即选取研究期间支柱产业作为新老路径选取对象，划定研究初期的支柱产业作为老路径，而新出现的支柱产业作为新路径，在新老路径划定的基础上，对新老路径的适应能力进行定量化研究，可以采用偏离—份额分析方法来测度新老路径的适应能力，通过实际增长份额和国家增长份额的比较可以得出新老路径的增长水平，反映其适应能力，从产业结构的高级化以及新产业的适应能力两个方面评价系统的路径创造能力。城市系统在应对瞬间危机的经济弹性是目前学术界研究的热点，往往对城市应对经济危机等瞬间扰动的弹性能力进行定量化研究。马丁认为要分析区域如何应对经济衰退必须对维持性（resistance）、恢复性（recovery）、重新定位（re-orientation）和复兴（renewal）四个方面进行综合分析，其中维持性和恢复性两个维度是目前进行定量化研究的重点。马丁等学者运用敏感指数（sensitivity index）和平均增长率等方法测度经济维持性和恢复性，此后，又对该方法进行了改进。

东北地区资源型城市种类多样，涵盖了森工类、煤炭类、石油类、钢铁类和综合类等多种资源类型，且不同的城市处于不同的发展阶段，导致城市所受到的外界压力（扰动）各不相同，同时城市自身的属性特征也决定了即使城市面临相同的外界压力，城市系统及各子系统也会产生不同的弹性特征，因此分析不同城市应对短期危机和长期扰动的弹性特征，对提高资源型城市经济弹性具有重要的现实意义。

二、资源型城市应对经济衰退的整体弹性特征

专业化对区域发展的利弊问题一直是经济地理学者讨论的重要问题，部分学者认为产业结构的专业化是区域经济发展的主要动力（Storper，2013），更多的学者认为多样化、复杂化的区域经济结构导致区域更具有稳定性（Martin et al.，2016）。以资源开采和初加工为主导产业的资源型城市由于产业结构单一，且产业结构较低端，导致资源型城市应对国际资源价格波动、经济下行等外部扰动能力明显不足。学者研究区域应对外部突然扰动过程中，通常选取对区域经济影响剧烈的经济衰退作为主要的外部扰动。

选取 1997 年和 2008 年两次经济危机下东北资源型城市的经济维持性和恢复性特征分析资源型城市应对经济衰退的弹性特征。选取国内生产总值指标作为分析 1997 年和 2008 年两次经济危机后的经济衰退特征。发现 1997 年经济危机对资源型城市的影响高于全国和三省的平均水平，与 1996 年相比，1999 年全国、辽宁、吉林和黑龙江省的经济增长率分别降低了 1.6 个、0.7 个、0.8 个和 2.5 个百分点，19 个资源型城市中，仅有吉林、松原、通化、阜新等 6 个城市经济增长率呈增长趋势，而盘锦、本溪、黑河、双鸭山等十多个城市均低于三省的平均水平。2014 年经济增长率与 2007 年相比，东北三省以及 19 个资源型城市的增长率增加值均低于全国平均水平，与 2007 年相比，2014 年全国经济增长率下降 2.4 个百分点，辽吉黑三个省份分别下降了 7.6 个、9.5

个和 6.2 个百分点，而资源型城市经济增长率下降值更高，鹤岗、双鸭山、伊春、七台河等城市经济增长率下降了超过 20 个百分点，此次经济下行量要明显高于 1997 年经济危机以后的经济下行量。总体来看，从经济产出的角度看，资源型城市应对经济衰退的维持能力明显不足（见图 4 - 2、图 4 - 3）。

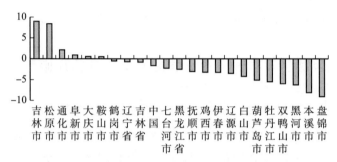

图 4 - 2　1999 年与 1996 年资源型城市经济增长率差值

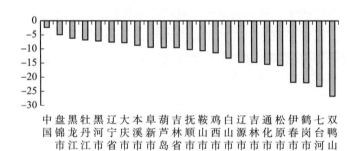

图 4 - 3　2014 年与 2007 年经济增长率差值

为进一步分析资源型城市面对经济衰退的经济弹性特征，选取就业指标分析两次经济危机对资源型城市的影响，从 1997 年的就业率增加值来看，亚洲金融危机对东北地区资源型城市就业率产生了较大的负面影响，但是与东北三个省份比，资源型城市的失业率增加值并没有明显高于三省的平均水平，辽宁省 6 个资源型城市的就业率增加值均低于辽宁省的平均水平，吉林省和黑龙江省的部分资源型城市的失业率增加值要高于全省平均水平。2008 年东北地区城镇登记失业人数为 84.27 万人，与 2007 年相比失业人数明显增加，增长率高达 41.99%，其中资源型城市城镇登记失业人数为 33.85 万人，占总失业人口的比重高达 40.17%，高于资源型城市总人口数占东北总人口的比重，2008 年资源型城市失业人数增长率为 42.01%，略高于东北地区平均水平。整体来看，1997 年经济衰退对资源型城市就业的影响相对较小，而 2008 年经济衰退对资源型城市以及东北地区的就业均产生较大的影响（见图 4-4、图 4-5）。

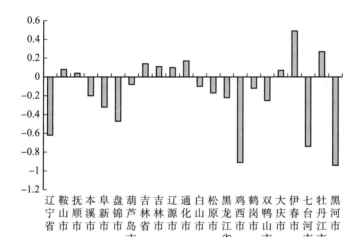

图 4-4　1997 年资源型城市就业率增加值

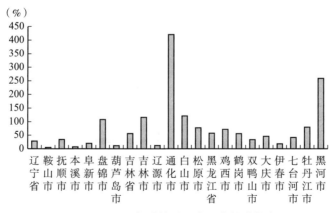

图 4-5　2008 年城镇登记失业人数增长率

受 1997 年的亚洲金融危机的影响，区域经济增长率在 1999 年跌入波谷，2000 年以后，经济逐渐呈恢复状态。因此选取 1999～2007 年作为经济恢复期研究资源型城市的经济恢复特征，计算 2007 年与 1999 年经济增长率的差值可以发现，东北地区以及 19 个资源型城市的经济恢复性整体高于全国平均水平，2007 年全国经济增长率为 14.2%，比 2007 年增加 6.6 个百分点，辽宁、吉林和黑龙江三个省份分别增长了 6.8 个、7.9 个和 4.5 个百分点，与全国平均水平比差距不大，但是资源型城市的经济恢复性明显高于东北三省的平均水平，阜新、白山、本溪、松原、辽源、通化、双鸭山等城市的经济增长率增加值均超过了 10 个百分点。总体来看第一次经济周期过程中，资源型城市的经济恢复性明显高于三省的平均水平。而 2008 年亚洲金融危机后，我国经济增长率整体呈现下降趋势，虽然国家在 2010 年实施了"4 万亿计划"，经济增长率出现了短期的回暖，但随着我国进入新常态，经济增长率维持在中高水平，2008 年金融危机后，并未出现显著的经济恢复状态。2007 年与 1999 年经济增长率差值如图 4 - 6 所示。

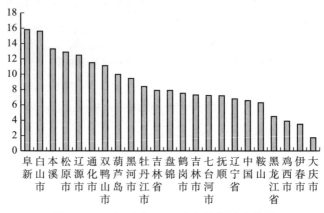

图 4 - 6　2007 年与 1999 年经济增长率差值

三、资源型城市应对缓慢扰动的整体弹性特征

东北地区资源型城市多是在计划经济时期发展起来的，在优先发展

重工业的战略下，东北资源型城市集中力量发展资源开采和初加工产业，为国家提供了大量的矿产资源和木材资源，但在这种长期的计划经济下，资源型城市产业结构以第二产业为主，而第二产业内部则以采掘业和原材料初加工为主，从而形成单一的资源型产业结构，城市经济的综合发展被忽略，随着资源的枯竭，接续产业培育不足，加上矿产品市场低迷，东北资源型城市经济子系统面临重大的压力。资源型城市面临的扰动对城市的影响过程大致经历了资源储存量减少、开采成本上升—矿业企业经济效益下滑—矿业产业萎缩—矿业相关产业的萎缩—城市经济的波动与衰退的过程（李鹤，2009），而资源枯竭程度在不同城市是不同的，东北三省的 37 个资源型城市中有 24 个是衰退型和再生型资源型城市，仅有 1 个为成长型。另外，不同资源类型城市受到资源市场的影响也不尽相同，铁矿和煤炭城市受长期产能过剩的影响较大，而石油城市所受影响相对较小。资源型城市经济子系统的维持性一方面与城市所受到的外部压力有关，另一方面也与城市自身的经济结构密切相关，即使受到相同的外部压力，不同的经济子系统也表现出不同的维持能力，这与各城市经济子系统的内部结构紧密关联。部分资源型城市第二产业所占比重过高，如 2013 年大庆市第二产业所占比重接近 80%，盘锦、抚顺、本溪、辽源、白山等城市第二产业所占比重也均在 60% 左右，同时，企业的所有制结构以及对外资的依赖程度等都决定着资源型城市的经济子系统结构，影响着城市经济子系统的维持能力。

经济子系统的适应性是其弹性分析的核心部分，为了应对资源枯竭、资源市场的波动等经济压力，资源型城市采取各种应对措施，适应这种压力。首先，20 世纪 90 年代，东北地区资源型城市资源衰退现象，为了应对解决资源型城市面临的一系列问题，国家出台了一系列面向资源型城市的政策措施，从域外对资源型城市进行援助。2001 年 12 月，国务院确定阜新市为全国资源枯竭城市经济转型试点，试点的设立标志着我国资源型城市经济转型实践进入了一个崭新的阶段，此后国家又先后将石油城市大庆、煤炭城市辽源、森工城市伊春、白山等城市确定为资源型城市经济转型试点。2003 年国务院发布《关于实施东北地区等老工业基地振兴战略的若干意见》，对东北地区资源型城市转型提出具体指导，2007 年发布《国务院关于促进资源型城市可持续发展的若干意见》，2008 年、2009 年、2012 年，中国分三批确定了 69 个资源枯竭型城市（县、区），2013 年国务院颁布了《全国资源型城市可持续发展规划（2013－2020 年)》，对资源型城市可持续发展的目标、原则以及不同类型城市的发展方向和重点任务。其次，城市从自身发展的角度，经济子系统为适应外部的各种压力也采取了系列措施，包括国企改制重组、替代产业培育、重大基础设施投资建设等，当然各城市的适应能力也存在着明显的差异，例如 2013 年在东北经济整体放缓的情况下，各资源型城市经济增长速度出现较大差异，并且 GDP 增长率和采掘业从业人员所占比重呈现较强的负向相关关系。2013 年东北地区采掘业从业人员所占比重与 GDP 增长率关系如图 4－7 所示。

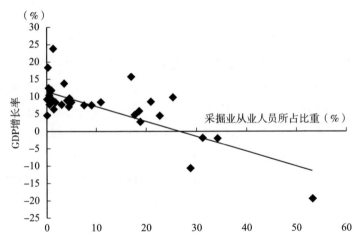

图 4－7　2013 年东北地区采掘业从业人员所占比重与 GDP 增长率关系

经济转型是资源型城市转型发展的核心，也是城市弹性的重要组成部分，是以产业结构调整为核心，将城市的主导产业由资源开采和初加工向其他产业转变的过程，使城市摆脱对不可再生资源的依赖，稳定经济增长速度，优化所有制结构。自 2003 年实施振兴东北等老工业基地战略后，经济转型性明显增强，各资源枯竭城市经济转型试点接续替代产业培育效果显著，非公有制经济快速发展，经济增长速度明显加快。

第二节　资源型城市应对经济衰退的经济弹性研究

20 世纪 80 年代以后，越来越频繁的经济衰退对区域经济产生了非常大的影响（Eraydin，2016），然而不同的区域应对经济衰退的能力以及恢复经济的能力却存在着明显的差距，这也引起了学者广泛关注区域应对经济衰退的经济弹性，其中包括概念的争辩和实证研究的论证（Davoudi，2012；Christopherson，2010；Hassink，2010；Martin et al.，2016；Eraydin，2016；Di Caro，2015；Sensier et al.，2016）。扰动，尤其是外部冲击通常被作为研究经济弹性的基础，彭达利等（Pendall et al.，2010）认为，区域面临两类主要的扰动，其中一类是外部剧烈的冲击（shocks）另一类则是应对长期缓慢扰动（slow burns），目前多数研究是将外部冲击作为区域发展的扰动（Fingleton et al.，2012；Eraydin，2016；Simmie et al.，2010），研究区域应对经济衰退的经济弹性。塞利尼和托里西（Cellini and Torrisi，2012）研究了意大利从 1890 ～ 2009 年的经济弹性特征；西米和马丁（2010）重点关注适应性循环模型，并以剑桥和斯温西两个城市作为实证对模型进行检验；戴维斯（Davies，2011）检验了欧洲各个国家经济弹性的差异特征并对形成这种差异的原因进行分析，近期越来越多的实证研究运用 GDP、就业人数、就业率等数据对不同区域的经济弹性特征进行研究，其中包括澳大利亚、加拿大和土耳其等地区（Courvisanos et al.，2016；Eraydin et al.，2016；Dubé et al.，2016；Doran，2016）。区域应对经济衰退的能力是受一系列复杂的因素影响的（Martin et al.，2016），这些因素共同决定了区域应对经济衰退的脆弱性以及系统的维持、适应和恢复能力。一些实证研究已经确定了一些影响区域经济弹性的主要因素，复杂的经济结构、熟练且富有创新的劳动力、现代化的生产基础设施、财政支持、市场自由化程度、高校智力与地方经济和企业的网络联系、政府管理能力均会对提高区域经济弹性产生重要影响（Desrochers, Leppälä, 2011；Davies, Tonts, 2010；Christopherson et al., 2010；Boschma, 2015；Martin, 2012；Di Caro, 2015；Sensier, Artis, 2016）。总体来看，目前已有的研究已经开始对特定区域应对经济衰退的弹性特征以及影响因素进行了一些分析，但是这些研究往往是集中在国家尺度层面，缺乏对小尺度区域的研究，尤其是针对一些特殊类型的城市（如资源型城市等问题区域）进行研究，另外，关于经济弹性影响因素的研究往往集中在某一特定因素，而缺乏影响因素的系统研究。为了解决不同资源型城市如何应对经济衰退以及为什么有的城市应对经济衰退的能力较强，而有的城市应对经济衰退的能力明显不足这两个问题，本书从经济维持性和恢复性两个维度测度了东北地区 19 个资源型城市的经济弹性特征以及主要的影响因素。

一、资源型城市经历的主要经济周期

改革开放以后，我国经济经历了四次明显的经济下行，包括 1979～1981 年，1987～1990 年，1997～1999 年和 2008 年以后（黄赜琳，2008）。1979～1981 年的经济下行主要是因为，1979 年中央政治局会议决定用三年时间进行国民经济调整，采取了"调整、改革、整顿、提高"的八字方针，防止新一轮的经济跃进、投资过热。1987～1990 年经济下行主要是由于 1987 年和 1988 年经济持续过热，经济增长率分别达到了 11.6% 和 11.3%，1988 年中共十三届三中全会提出以后两年改革建设重点放在治理经济环境，整顿经济秩序，使 1989 年和 1990 年的经济增长率分别下降为 4.1% 和 3.8%，前两次是由于经济过热之后采取的紧缩措施导致经济下行。1997～1999 年是我国首次遇到市场经济条件下内需不足导致的经济下行，同时这次经济下行的成因也有亚洲金融危机影响，具备输入性危机的特征，从 1993 年算起，经济连续下滑 7 年，前 4 年是主动调整，后 3 年是亚洲金融危机冲击。2008 年受国际金融危机的影响，我国经济经历了持续的下行过程，若不是 2008 年底开始的财政和货币政策的强刺激，我国经济在 2010 年应该不会出现短期的回升状态。按照现代经济学描述的一般例行经济周期，经济下行一般在 3 ~ 5 年，而 2008 年以后我国经济增长率经历了持续的下降，此轮长时间的经济下行原因比较主流的是中高速增长的新常态派，也有部分学者认为是由于长期的计划生育政策导致的人口增长率过快下滑引发的人口老龄化造成。

综合考虑到前两次经济下行主要是由于宏观政策导致，而受外部冲击作用不明显，后两次经济下行主要是由于受到外部经济危机冲击而引起的，因此本书只研究后两次经济下行过程。学者广泛采用就业、产值等数据作为研究经济下行的指标，但是在中国就业人口呈现持续的增长趋势，受经济下行影响较小，同时多数城市仅仅统计城市单位就业人数，而较少城市统计乡村就业人口和城镇其他就业人口，因此本章选取经济总产值作为研究数据。从图 4 - 8 可以发现，东北三个省份的 GDP 增长率与全国 GDP 增长率整体趋势相同，均在 1997 ~ 1999 年出现一定的下行，此后近十年呈缓慢的恢复状态，在 2007 年达到峰值，2008 年又一次出现下行，在 2010 年出现短暂的恢复，但此后呈持续下行趋势。

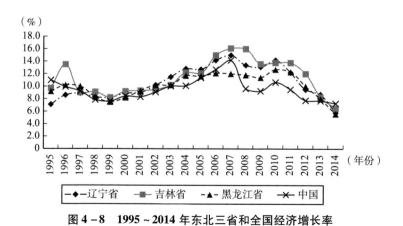

图 4 - 8　1995 ~ 2014 年东北三省和全国经济增长率

分别计算东北地区 19 个资源型城市 1995 年以来的 GDP 增长率（如图 4-9、图 4-10 和图 4-11 所示），首先，可以发现资源型城市 GDP 增长率的整体趋势与全国相近，在 1999 年前后出现波谷，而在 2007 年左右出现波峰，此后在 2008~2010 年呈波动状态，此后呈现持续下降趋势。其次，各城市的经济波动性要明显高于全国的经济波动，以阜新市为例，1995 年以来，经济增长曲线出现了 7 个波峰，经济下行次数明显高于全国平均水平，但自 2001 年阜新市出现了持续快速的经济增长，到 2003 年经济增长率达到了 20% 左右，这一方面与全国大的经济恢复周期有关；另一方面更重要的是 2001 年阜新市被确立为全国第一个资源型城市转型试点，国家的政策支持使城市经济得到较快发展。

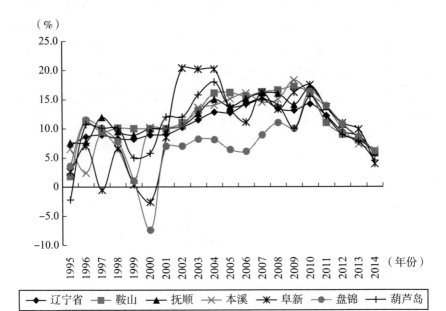

图 4-9　1995~2014 年辽宁省资源型城市经济增长率

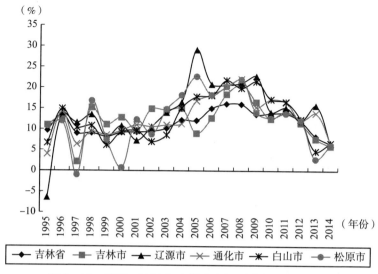

图 4-10 1995~2014 年吉林省资源型城市经济增长率

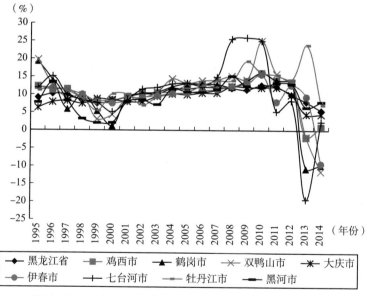

图 4-11 1995~2014 年黑龙江省资源型城市经济增长率

二、应对短期危机的经济维持性与恢复性测度

马丁（2012）认为要分析区域经济如何应对经济衰退及其他外部扰动必须对维持性（resistance）、恢复性（recovery）、重新定位（re-orientation）和复兴（renewal）四个方面进行综合分析。第一个维度维持性是指区域应对外部扰动（如经济衰退）所表现出的脆弱性或敏感性；第二维度恢复性是指区域从外部扰动中恢复的程度和速度，它的恢复程度和速度也与区域面对外部扰动所表现出的维持性有重要关系；第三个维度重新定位关注区域经济结构的重构以及这种重构对区域经济总量、就业、收入等产生的影响；第四个维度复兴是指区域创造新的发展路径的能力。本书重点测度维持性和恢复性两个维度。

目前有多种测度区域经济维持性和恢复性的方法，马丁（2012）等运用敏感指数（sensitivity index）和平均增长率等方法测度经济维持性和恢复性，此后，又对该方法进行了改进（Martin et al., 2016）。这个方法重点关注一个区域（城市）如何受一个普遍性的衰退的影响，因此首先需要定义一个预期增长或减少量，即在相同情况下，一个区域的经济增长应该与全国的平均水平一致，因此一个区域的预期衰退与恢复值定义如下：

$$(\Delta E_r^{t+k})^{预期} = \sum_i E_{ir}^t (1 + g_N^{t+k})$$

其中 g_N^{t+k} 是从起始年份 t 到 $t+k$ 年的全国经济增长率的增长量，E_{ir}^t 是指区域 r 的 i 产业在起始年份 t 的增长率，资源型城市经济维持性与恢复性的计算公式表达如下：

$$Resis_r = \frac{(\Delta E_r^{下降}) - (\Delta E_r^{下降})^{预期}}{|(\Delta E_r^{下降})^{预期}|}$$

$$Recov_r = \frac{(\Delta E_r^{增长}) - (\Delta E_r^{增长})^{预期}}{|(\Delta E_r^{增长})^{预期}|}$$

其中 $Resis_r$ 和 $Recov_r$ 分别是指资源型城市的经济维持性和经济恢复

性，通过定义可以知道，城市经济维持性与恢复性的值应该在 0 左右，当其值大于 0 时，表示该城市的经济维持性或恢复性大于全国的平均水平，当其值小于 0 时，表示该城市的经济维持性或恢复性低于全国的平均水平。

正如前面分析的，近 20 年中国经济经历了两个经济周期，1996 ~ 2007 年，从经济波峰到波峰以及 2007 年以后至 2016 年，这两次经济周期中的经济下行分别受到了 1997 年的亚洲金融经济危机和 2008 年的全球经济危机的影响，东北资源型城市经历了与全国大致相似的经济周期。分别计算 19 个资源型城市两次经济周期的经济维持性和恢复性，第一次经济周期的经济维持性和经济恢复性如图 4 - 12 和图 4 - 13 所示。

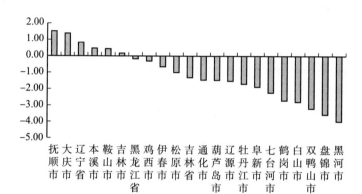

图 4 - 12　1996 ~ 1999 年东北资源型城市经济维持性

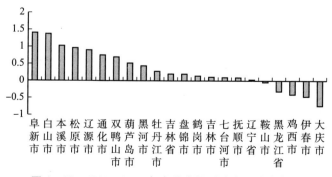

图 4 - 13　1999 ~ 2007 年东北资源型城市经济恢复性

首先，三个省份面对经济衰退仅有辽宁省的经济维持性高于全国平均水平，而黑龙江省和吉林省经济维持能力较弱；19个资源型城市面对经济下行的维持性仅有抚顺、大庆、本溪等5个城市大于0，说明资源型城市应对经济下行的维持能力普遍较弱。其次，多数资源型城市的经济恢复能力高于全国平均水平，仅有大庆、伊春、鸡西和鞍山4个城市的经济恢复性指数小于0，但是恢复性指数要明显小于维持性指数的绝对值，说明资源型城市面对经济危机中的经济下行大于经济恢复能力。

将第一次经济周期（1996~2007年）中19个资源型的经济维持性和经济恢复性进行组合（见图4-14），可以发现以下几个特征。首先19个资源型城市经济维持性和恢复性具有较强的负相关关系，相关系数R为-0.401，说明对经济下行有较强维持性的城市的经济恢复能力较弱，而对经济下行维持性较差的城市的恢复能力较强。其次，依据面对经济下行的维持性和恢复性的大小，将19个城市划分为4类，有12个城市属于低维持性—高恢复性城市，其中包括白山、双鸭山、黑河、盘锦等城市；抚顺、吉林和本溪属于高维持性—高恢复性城市；鞍山和大庆属于高维持性—低恢复性城市，而鸡西和伊春属于低维持性—低恢复性城市。

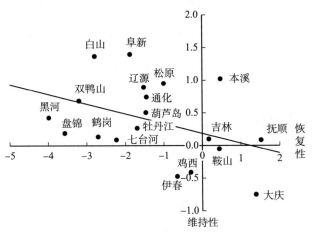

图4-14　第一次经济周期（1996~2007年）资源型城市经济维持性与恢复性

2008 年国际金融危机以后，虽然我国经济在 2010 年经历了短暂的恢复阶段，但 2010 年以后，受国际经济危机的影响，经济仍然持续下行，因此 2008 以来我国经济整体呈下行趋势，东北资源型城市经历了相似的发展趋势。计算 2008 年以来东北三省及 19 个资源型城市的经济维持性（见图 4 - 15），可以发现以下几个特征。首先，三个省份的经济维持性较低，仅黑龙江省经济维持性指数大于 0，辽宁和吉林省的经济维持性明显低于全国平均水平，这与 2014 年辽宁、吉林、黑龙江三省的经济增速分别是 5.8%、6.5%、5.6%，位列全国后五位，2015 年东北经济增速进一步下降，出现了"断崖式下滑"密切相关。其次，相比于东北三省的经济下行趋势，资源型城市的经济维持性更低，仅盘锦、黑河、大庆和牡丹江 4 个城市的经济维持性大于 0，其他 15 个资源型城市的经济维持性均小于 0，黑龙江省的双鸭山、鹤岗和伊春等城市经济下行的维持能力最低。以资源开采和初加工为主导产业的产业结构决定了资源型城市经济增长具有先天的脆弱性，受国际金融危机的影响，我国出口大幅度下降，同时随着我国经济进入中高速增长阶段，对煤炭、石油、钢铁等能源和原材料需求出现下降，产品库存上升、价格回落、利润下滑，导致资源型城市经济快速下滑，经济维持性明显不足。

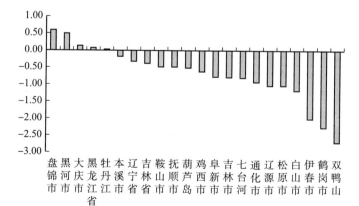

图 4 - 15 2007 年以后东北地区资源型城市的经济维持性

分别计算各类资源型城市两次经济周期的经济维持性和恢复性的均值（见表4-1），可以发现1996～1999年的经济衰退过程中仅有冶金类城市的经济维持性大于0，其他类型城市经济维持性均低于全国平均水平，尤其是森工类城市经济维持性最低，而经济恢复能力均高于全国平均水平，尤其是综合类资源型城市是经济恢复能力最高。面对2008年以来的经济下行，各类资源型城市的经济维持性均低于全国平均水平，其中石油城市和冶金城市经济维持性相对较高，分别为 -0.10 和 -0.33，煤炭城市的经济维持性最差。石油类城市经济维持性较高，这与石油城市资源相对丰富，石油资源保障能力较强，综合经济实力强有关；冶金类城市经济维持性较高与两个城市的经济结构优化密切相关，本溪市加快发展生物医药产业，鞍山市依托鞍钢集团，大力发展精特钢、钢铁深加工和菱镁新材料等产业，经济结构进一步优化。煤炭城市经济下行压力最大，这与煤炭资源整体趋于枯竭以及煤炭价格持续下滑密切相关，2014年东北三省煤炭资源储量仅占全国的4.14%，七台河、双鸭山、鹤岗、阜新等城市均属于衰退型城市，煤炭资源储量严重不足。

表4-1　　　不同类型资源型城市经济维持性和经济恢复性均值

城市类型	衰退（1996～1999年）	恢复（1999～2007年）	衰退（2007～2014年）
综合类城市	-1.48	0.72	-0.83
石油类城市	-1.06	0.14	-0.10
钢铁类城市	0.45	0.49	-0.33
煤炭城市	-1.46	0.34	-1.28
森工类城市	-1.79	0.35	-0.69

进一步分析三大产业面对经济危机的维持能力和恢复能力，由于第一产业发展相对稳定且受天气影响较大，因此第一产业不作为本书重点研究的产业，仅仅计算了第二、第三产业在两次经济周期中的维持能力与恢复能力（见表4-2）。对1996～2007年衰退—恢复经济周期内第二产业和服务业的维持性和恢复性进行分析可以发现，1997～1999年

的经济下行主要是由于服务业下行引起的，19 个资源型城市仅有抚顺、
葫芦岛、吉林、通化、松原和大庆 6 个城市的第三产业维持性大于 0，
而只有辽源、盘锦等 5 个资源型城市的第二产业维持性小于 0，并且
1999～2007 年第二产业的经济恢复能力远远高于第三产业的恢复能力，
仅盘锦市的第二产业恢复能力低于全国平均水平，而服务业恢复能力相
对较小，有 4 个城市的恢复能力低于全国平均水平。2008 年以来资源
型城市服务业面对经济下行的维持能力要高于第二产业，其中鞍山、本
溪、盘锦、鸡西和黑河等城市第三产业的经济维持性高于全国平均水
平，而第二产业经济维持性大于 0 的城市仅有盘锦和伊春的，其他城市
的经济维持性均较低，19 个资源型城市第二、第三产业的经济维持性
分别为 - 1.41 和 - 0.36。总体而言，1996～2007 的经济周期中服务业
的经济维持能力和恢复能力要明显低于第二产业的经济维持性和恢复
性，而 2008 年以来的经济周期中，服务业的经济维持性要明显高于第
二产业的经济维持性。

表 4 - 2　　　　资源型城市第二、第三产业的维持性与恢复性

	维持性（1997～1999 年）		恢复性（1999～2008 年）		维持性（2008～2014 年）	
	第二产业	第三产业	第二产业	第三产业	第二产业	第三产业
鞍山	1.15	- 0.6	2.04	- 0.58	- 0.74	0.22
抚顺	0.82	3.5	1.15	- 0.39	- 0.63	0
本溪	1.94	- 2.8	3.46	0.23	- 0.17	0.05
阜新	2.04	- 2.8	0.45	0.43	- 0.83	- 0.11
盘锦	- 0.27	- 0.6	- 1.05	- 0.74	0.7	0.22
葫芦岛	- 1.03	3.8	0.59	- 0.61	- 0.5	- 0.16
吉林	1.44	0.32	0.81	0.53	- 0.92	- 0.62
辽源	- 6.23	- 4.43	0.27	0.74	- 1.7	- 0.36
通化	1.49	3.92	0.53	0.42	- 1.32	- 0.53
白山	0.99	- 10.9	0.4	1.62	- 1.66	- 0.68
松原	2.05	13.09	1.1	- 0.03	- 1.58	- 1.42

	维持性（1997~1999 年）		恢复性（1999~2008 年）		维持性（2008~2014 年）	
	第二产业	第三产业	第二产业	第三产业	第二产业	第三产业
鸡西	0.16	-3.7	0.35	-0.71	-2.12	0.31
鹤岗	-0.87	-3.6	1.12	-0.37	-1.47	-0.36
双鸭山	-1.48	-4.3	0.43	-0.37	-3.56	-0.86
大庆	1	1.5	0.49	-1.12	-5.42	-1.19
伊春	0.44	-10.5	-0.65	0.86	0.18	-0.09
七台河	-1	-5.3	-5.2	-0.84	-3.59	-1.29
牡丹江	1	-2.6	11.59	-0.69	-1.13	-0.54
黑河	-1.91	3.5	0.44	-1.13	-0.4	0.49

三、影响资源型城市应对经济衰退的经济弹性的因素分析

（一）影响经济弹性的主要因素及研究方法

正如马丁和森利（Mairin and Sunly，2016）所说的，经济地理学家研究经济弹性的首要任务是确定并解释不同区域应对外部扰动所表现出的不同反应能力，第二个重要任务就是解释引起这种反应的原因，虽然这些原因是多样的并且相互影响的（Martin et al.，2015）。区域面对经济衰退所表现出的经济弹性受到多个因素的影响（Martin et al.，2016），这些因素决定了区域经济应对衰退的脆弱程度以及区域所表现出的维持、适应以及恢复的能力，马丁（2015）将影响区域经济弹性的要素划分为三种类型，即构成要素（compositional factors）、共同要素（collective factors）和环境要素（contextual factors），简而言之，区域经济弹性主要由四个相互作用的子系统决定，经济结构子系统、劳动力市场子系统、金融子系统和政府管理子系统。埃拉伊丁（Eraydin，2016）测算了土耳其的区域经济弹性并从区域脆弱性，资源丰裕程度、区域适应能力以及政策支持力度等方面分析了其影响因素。另外，许多学者也确定了某一特定影响因素对区域经济弹性的影响。马丁（2016）认为

区域专业化指数对区域应对经济危机的维持性以及应对能力都有重要的作用；拉尔拉维内塞（Lagravinese，2015）认为一个区域的第三产业所占比重越高，应对外部扰动的维持性越强；然而，迪·卡罗（Di Caro，2015）却发现某一特定类型的制造业使区域在应对经济衰退和复兴的过程中都有重要的正向作用；派克（Pike，2015）解释了区域制度与政策对于区域经济弹性的重要作用，此外更多的关于某些影响因素（如区位、高增长率的企业等）对于区域经济弹性的影响被不同的学者研究（Brakman et al.，2015；Mason et al.，2015）。

本书从城市发展基础、产业结构、劳动力状况、金融支撑能力和政府支持能力五个方面选取 14 个指标分析资源型城市经济弹性的影响因素，选取区位优势、可开采资源量、城市规模和城市经济基础四个指标表示城市发展基础。其中区位优势、可开采资源量、城市规模计算方法与资源型城市转型的影响因素指标选取计算方法一致，城市经济基础采用起始年份的经济增长率表示。

选取区域产业结构专业化指数、第三产业所占比重、资源型产业单位从业人员所占比重和 R&D 投入强度四个指标表征区域产业结构。其中第三产业所占比重、资源型产业单位从业人员的计算方法前文已经介绍，R&D 投入强度用 R&D 投入总量与 GDP 的比值表示，产业结构专业化指数采用熵指数法的计算，计算公式如下：$EI = \sum_{i=1}^{n} X\ln\left(\frac{1}{X_i}\right)$，$EI$ 为熵值，代表产业结构多样化指数程度，X_i 为资源型城市分行业的某一行业就业比重，如果一个地区仅有一个部门，熵值极为 0，说明产业多样化程度最低，熵值越大，产业多样化程度就越高。

选取城镇登记失业率和科技、技术服务和地质勘察业从业人员比重两个指标表征区域劳动力状况。选取外贸依存度和累计人均财政收入两个指标表征区域金融支撑能力，其中外贸依存度用进出口贸易值与 GDP 比值表示。选取政策支持力度和累计人均固定资产投资两个指标表征政府支持力度，其中政策选取与前面的方法一致，由于东北资源型城市的政策支持主要是自 2003 年以后开始全面实施，因此 1997～1999 年阶段不考虑政策支持指标，1999～2008 年阶段根据政策的事实情况进行相应的赋值。

本书使用地理探测器方法对资源型城市经济弹性的影响因素进行分析，首先用 ARCGIS 自然间断点分级法对连续性探测因子进行分类，其次利用地理探测器测算方法，分别计算两次经济周期中各探测因子对资源型城市经济维持性和经济恢复性的影响（见表 4-3），研究不同因素对资源型城市经济弹性的影响强度。

表 4-3　　　　　　经济维持性和恢复性影响因素探测结果

探测因素		$P_{D,U}$		
		维持性 （1997～1999 年）	恢复性 （1999～2008 年）	维持性 （2008～2014 年）
城市发展基础	区位优势（X_1）	0.544	0.279	0.175
	可开采资源量（X_2）	0.132	0.191 ⁻	0.502
	城市规模（X_3）	0.724	0.330 ⁻	0.323
	经济基础（X_4）	0.178	0.357 ⁻	0.295 ⁻
产业结构	区域产业结构专业化指数（X_5）	0.219 ⁻	0.205	0.159
	第三产业所占比重（X_6）	0.296 ⁻	0.350 ⁻	0.307
	R&D 投入强度（X_7）	0.171	0.295	0.249
	资源型产业单位从业人员比重（X_8）	0.182 ⁻	0.132 ⁻	0.102 ⁻
劳动力状况	城镇登记失业率（X_9）	0.249 ⁻	0.242	0.499 ⁻
	科技、技术服务和地质勘察业从业人员比重（X_{10}）	0.441	0.460 ⁻	0.212
金融支撑能力	外贸依存度（X_{11}）	0.151	0.119	0.312
	累计人均财政收入（X_{12}）	0.511	0.190 ⁻	0.299
政府支持能力	政策支持力度（X_{13}）	—	0.057	0.497
	累计人均固定资产投资（X_{14}）	0.213	0.427 ⁻	0.251

注：负号表示相关系数为负。

（二）经济弹性影响因素结果分析

分析近两次经济周期经济弹性的影响因素可以发现：首先影响两次经济周期经济弹性的主要因素是不同的。在第一次经济衰退过程中，影响经济维持性的主要因素包括城市规模、区位优势、累计人均财政收入，而对第二次经济衰退过程中经济维持性影响较强的因素主要是可开采资源量、政策支持力度等因素。这一研究结果马丁（2015）等学者的观点是一致的，即区域面对经济衰退的应对能力是有变化的，这种变化一方面与区域自身的发展情况有关，另一方面也与经济衰退的特征有关。其次，分析两次经济周期影响经济弹性的因素也可以发现区位优势、R&D 投入强度、外贸依存度和政策支持力度四个指标对经济维持性和经济恢复性都具有正向促进作用，而资源型产业单位从业人员比重却一直具有反向作用。这是说明良好的区位条件，较强的科研投入、外资投入以及政策支持对资源型城市的经济弹性的提升有重要的作用，而资源型产业占比过高，会导致资源型城市经济弹性下降。

分析第一次经济周期（1997～2008 年）中影响经济弹性的主要因素可以发现以下主要结论。首先，城市规模和城市区位优势两个城市发展基础指标对城市的经济维持性影响最大。计算不同规模的城市经济维持性，市辖区总人口小于 20 万、20 万～50 万、50 万～100 万以及大于 100 万城市经济维持性均值分别为 －3.98、－2.03、－1.47 和 0.88。其中市辖区总人口小于 20 万的小城市黑河市经济维持性最低，这与黑河市城市规模整体偏小、区位偏远、区域经济发展环境整体较差有关；而城市人口规模超过 100 万的城市吉林、鞍山、抚顺和大庆市经济维持性普遍高于全国平均水平。随着城市规模的扩大，城市经济总量得以提升，城市应当短期衰退的维持能力得以提升。其次，累计人均财政收入和科技、技术服务和地质勘察业从业人员比重两个指标对经济维持性也具有较强的正向影响，这说明劳动力状况和金融支撑能力对资源型城市经济维持性也具有较强的促进作用。最后，科技、技术服务和地质勘察业从业人员比重、累计人均固定资产投资、经济基础和城市规模等因素对经济恢复性有较强的影响，然而这些因素却对经济恢复性的影响却是负向的，这主要是由于这次经济周期过程中经济恢复性和经济维持性呈现较强的负相关性，而这几个因素对资源型城市应对经济衰退的维持性有一定的正向作用，但对城市经济衰退后的经济恢复性作用表现出了负向作用。

第二次经济周期过程中（2008～2015年），可开采资源量、政策支持力度和城镇登记失业率对资源型城市经济维持性有较强的影响，其中可开采资源量和政策支持力度的呈正向促进作用，而城镇登记失业率的作用呈负向。成长型、成熟性、衰退性和再生型城市的经济维持性的均值分别为 -1.03、 -0.16、 -1.41 和 -0.33。成熟型城市的经济维持性最好主要是由于这类城市资源储备量相对丰富，资源开采稳定，因此受外部经济冲击相对较轻；再生型城市的经济维持性仅次于成熟型城市，这类城市已经基本摆脱了对资源开采及初加工产业的依赖，接续替代产业培育比较成功，产业结构多元化，城市向综合型城市发展；衰退型城市的经济维持性最差，矿产资源储备量基本处于枯竭状态，但是城市替代产业却发展缓慢，城市应对外部扰动能力最差。政策支持力度对资源型城市的经济维持性有显著的促进作用说明国家及地方政府的支持对提高地方经济弹性有重要的作用，例如两个国家经济转型试点盘锦和大庆以及资源枯竭型城市黑河市应对经济衰退的经济维持性均较好。城镇登记失业率指标对资源型城市经济维持性有负向作用说明劳动力状况对于提高区域经济弹性有重要作用，这一结论也检验了失业数据和总产值数据在测算经济弹性的时候结果具有一致性。

四、结论与讨论

本节重点测度了近20年两次经济衰退过程中的经济维持性与经济恢复性，并且对影响经济弹性的主要因素进行了分析。本书对经济弹性研究的主要贡献体现在以下三个方面。首先，分析了资源型城市面对经济衰退的经济弹性，结果显示资源型城市的经济弹性较低，尤其是经济维持性明显低于全国平均水平，并且不同类型的城市应对经济衰退的维持性和恢复性具有明显的差异。其次，本书发现不同经济周期中影响经济弹性的因素是变化的，这也导致资源型城市面对经济衰退的经济弹性不具有可预测性。最后，本书发现区位优势、R&D 投入密度，外贸依赖度以及政策支持一直对城市经济弹性有正向作用，而资源型产业就业人口比重对经济弹性一直具有负向作用。

（一）资源型城市的经济弹性特征

研究结果显示，在第一次经济周期中，12 个城市属于低维持性—高恢复性，但是经济维持性的绝对值明显大于经济恢复性，另外，2008年以后，15 个城市的经济维持性低于全国的平均水平，所有的这些结果均显示东北地区资源型城市的经济弹性较低。不同类型的资源型城市应对经济衰退的能力存在明显的差异，煤炭城市和森工类城市在两次经济周期中的经济维持性均较低。本书的研究结论与李鹤（2008）和苏飞（2008）等的研究结果一致，他们发现矿业城市的经济具有显著的脆弱性特征，并且矿业城市尤其是资源枯竭型城市的经济往往滞后于普通城市，另外，李鹤（2009）等的研究发现中国东北地区的煤炭城市的经济脆弱性最低，这也与本书的结论一致。因此，如何提高资源型城市应对经济衰退的经济弹性已经成为振兴东北老工业基地的一项重要任务。

（二）经济弹性的影响因素在不同经济周期中的变化

本书发现影响城市经济弹性的主要因素在不同经济周期中是不同的，这也验证了马丁等学者的观点，即区域应对经济衰退的能力不是一成不变的，而是与区域自身的属性和危机的特征有关（Martin et al.，2015）。另外本书发现区位优势，研发投入强度，外贸依存度以及国家政策扶持力度在两次经济周期中都对经济维持性和恢复性有正向影响，这些结论对于制定区域政策都具有重要的参考作用。第一，为了改善区域区位条件，政府应继续加强区域基础设施建设，尤其是交通基础设施，提高区域的与中心城市的联系能力和区域的对外贸易水平，这对于提高黑龙江省偏远地区的煤炭城市与森工类城市尤其重要。第二，地方应继续加强研发投入强度，提高区域的创新能力，加快基础研究的产业化进程，提高区域应对经济衰退的应对能力。第三，从目前看，国家政策扶持仍然是提高区域经济弹性的重要途径，因此国家应进一步强化政策扶持力度和财政支持促进资源型城市的可持续发展，尤其应加快培育资源型城市的接续替代产业。

（三）产业结构与经济弹性

本书结果显示第一次经济周期中，第二产业的经济维持性和恢复性明显高于第三产业，而 2008 年以后的经济衰退主要是由于第二产业的衰退导致，结论与马丁（2016）等的观点一致，即产业结构对经济弹性的影响在不同经济周期中是不同的，此外，对英国经济弹性的研究也显示，对制造业所占比重高的区域在 2008 年以后的经济衰退中，受产业结构的负面影响更大一些。本书结果显示区域产业结构专业化指数对经济弹性的影响作用不显著，这与已有的研究结论认为的一个产业结构多元化的区域会比产业结构专一化的区域应对经济衰退的能力强（Duranton et al.，2000；Davies et al.，2010；Martin et al.，2016）的观点不一致，这主要是由于第一次经济衰退主要由于第三产业引起，然而东北地区资源型城市中产业结构相对多元化的城市往往是第三产业所占比重比较高，因此在这一次经济衰退过程中产业结构多样化反而对城市经济弹性产生了负向作用。此外我们发现，资源型产业就业人数所占比重对经济弹性的影响一直呈负向作用，因此加快产业结构优化升级，促进非资源型产业的发展是提升区域应对经济衰退的重要任务。

第三节　资源型城市应对缓慢扰动的经济弹性研究

狭义的经济弹性重点关注区域应对外部剧烈扰动所表现出的应对能

力，而这种应对能力一方面与外部扰动特征有关，另一方面也与区域自身的要素属性特征密切相关。广义经济弹性能力不仅关注短期的剧烈扰动，更强调系统应对缓慢扰动所表现出的应对能力，因此广义经济弹性是指城市经济发展面对内外部扰动所表现出来的改变（change）、适应（adaptive）和转型（transform）的能力，它是经济子系统自身的属性，先于干扰或暴露程度而存在，但同时又与干扰或暴露程度的特征相关（Gallopín，2006）。

一、资源型城市应对缓慢扰动的经济弹性分析框架

地理学认为城市是一个复杂的人地关系地域系统，具有一定的空间结构和功能，可以被看作是一个复杂的、适应性的社会—生态系统（Costanza et al.，1993）。演化弹性理论拓宽了弹性的研究内容，从仅仅表示保持原始状态的能力以及恢复原始状态的能力，拓展到研究复杂社会—生态系统在不同时间和空间尺度的维持、适应和转型相互作用的过程（Carpenter et al.，2005；Davoudi et al.，2013），他们将弹性看作是系统面对扰动的一个发展过程。资源型城市经济弹性是包含了维持、适应、转型等要素的发展过程（见图 4 – 16），由资源型城市经济系统面对内外部扰动的维持性、适应性和转型性三方面决定。维持性是指系统在受到内部或者外部压力过程中所表现出来的维持系统原始结构的能力，主要由系统所受的外部压力和自身物理属性的缓冲能力两个方面决定。适应性抓住系统学习、组合经验知识的能力，使系统在目前的稳定域内继续发展的能力（Folke et al.，2010）。转型性是指当目前的社会、经济和生态结构不足以维持当前的系统时，目前系统创造一个新系统的能力（Walker et al.，2004）。本节是对资源型城市经济系统应对一切不确定扰动因素弹性能力的评价，即广义弹性（general resilience）的评价（Folke et al.，2010）。

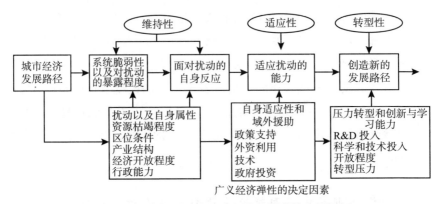

图4-16　资源型城市广义经济系统弹性分析框架

　　城市经济系统是一个开放的系统，是城市社会—生态系统的重要子系统，要保持良好的运行状态需要面对城市内外多重扰动因素的影响（李鹤等，2008），城市经济弹性决定了经济系统应对内外部扰动的能力。东北地区资源型城市多是在计划经济时期发展起来的，为国家提供了大量的矿产资源和木材资源，但这种长期的计划经济造成经济结构单一，随着资源的枯竭，接续替代产业培育不足，城市经济系统面临巨大的压力。面对内外部扰动不同的经济结构表现出不同的承受能力，并且各城市面临的经济扰动也各不相同，城市的经济结构和扰动强度共同决定了经济系统的维持性。为应对经济扰动，各城市采取了各种应对措施，包括提高经济活力、增加重大基础设施投资等，国家出台了一系列面向资源型城市的政策措施，从域外对资源型城市进行援助，提高城市的适应性。当城市经济系统不足以维持目前状态时，城市通过压力转型与自身的创新、学习，优化产业结构、所有制结构，提升创新能力。

　　依据资源型城市经济弹性分析框架，城市经济弹性由经济维持性、适应性和转型性三方面决定。城市经济维持性主要由城市面临的扰动强度和经济结构两方面决定，选取大中型企业资产负债率、资源型产业单位就业人数所占比重等8个指标进行刻画。城市经济适应性从城市自身的适应性和域外援助两方面选取固定资产投资强度、国家政策支持等8个指标。城市经济转型性从城市压力转型和创新与学习能力两方面选取国有和集体单位从业人员比重降低量和 R&D 经费支出强度等 8 个指标，具体如表 4 - 4 所示。

表 4 - 4　　　　　资源型城市经济弹性评价指标体系

目标层	一级指标	二级指标	具体指标	作用方向
资源型城市济系统弹性	维持性	扰动强度	大中型企业资产负债率（%）	-
			财政自给率（%）	+
			资源枯竭程度	-
			区位条件	+
		经济结构	资源型产业产值比重（%）	-
			服务业所占比重（%）	+
			外贸依存度（%）	+
			国有和集体单位从业人员比重（%）	-
	适应性	自身适应性	固定资产投资占 GDP 比重（%）	+
			GDP 年均增长率（%）	+
			人均银行存款（万元）	+
			人均 GDP（万元）	+
			人均地方财政收入（万元）	+
			科技、技术服务和地质勘察业从业人员比重（%）	+
		域外援助	国家政策支持力度	+
			外资依存度（%）	+
	转型性	压力转型	资源型产业产值比重降低量（%）	+
			规模以上企业资产负债率降低量（%）	+
			外贸依存度增加量（%）	+
			固定资产投资占 GDP 比重增加量（%）	+
			国有和集体单位从业人员比重降低量（%）	+
			地方财政自给率增加量（%）	+
		创新与学习能力	科技、技术服务和地质勘察业从业人员比重（%）	+
			R&D 经费内部支出占 GDP 比重（%）	+

资源枯竭是资源型城市经济系统面临的主要扰动之一，《全国资源型城市可持续发展规划（2013－2020 年)》依据城市资源保障能力将城市划分为成长型、成熟型、衰退型和再生型四类，依据此标准分别为四类城市的资源枯竭程度分别赋值为 1、2、3、4。区位条件用各城市距离省会城市的交通距离表征。城市弹性是城市自身的属性，但是只有当城市遭受外部扰动时这种属性才表现出来，并且适应性和转型性是城市较长时间的发展过程，因此本书选取 2010～2013 年作为现状研究阶段，选取 2003～2006 年作为振兴初期研究阶段。城市经济维持性和适应性选取 4 年指标的平均值进行表征，经济转型性的压力转型选取起始年份和终止年份的差值进行表示，经济转型性的创新与学习能力用 4 年指标的均值表示。数据来自《中国城市统计年鉴》《辽宁统计年鉴》《吉林统计年鉴》《黑龙江统计年鉴》《中国区域经济统计年鉴》，交通时间通过 Google map 获取，基本城市矢量数据从国家地球系统科学数据共享平台（http：//www. geodata. cn）获得。

为消除由于量纲及数量级大小不同造成的影响，对原始数据进行标准化处理，计算公式如下：

$$X'_{ij} = \begin{cases} (X_{ij} - X_j\min)/(X_j\max - X_j\min)\text{；} X_{ij} \text{为正向指标} \\ (X_j\max - X_{ij})/(X_j\max - X_j\min)\text{；} X_{ij} \text{为负向指标} \end{cases}$$

X_{ij} 为原始指标，$X_j\max$，$X_j\min$ 分别是第 j 个指标中的最大值和最小值，经过标准化处理，使所有的指标值都在 $[0，1]$ 范围内。

由于城市经济弹性各指标具有较强的共线性，因此本书采用主成分分析法，将多维向量简化为数量更少的综合向量，以每个主成分方差贡献率占所选取主成分的总方差贡献率的比重为权重，利用主成分得分构建评价函数（谭俊涛等，2014；Zhang et al. ，2008），分别构建资源型城市经济维持性、适应性和转型性的评价函数 $f(x)$、$f(y)$、$f(z)$，形式如下：

$$f(x) = \frac{\lambda_1}{\sum\limits_{i=1}^{n}\lambda_1}F_1 + \frac{\lambda_2}{\sum\limits_{i=1}^{n}\lambda_1}F_2 + \cdots + \frac{\lambda_n}{\sum\limits_{i=1}^{n}\lambda_1}F_n$$

式中 $f(x)$ 是资源型城市经济维持性评价函数，F_1，$\cdots$，F_n 分别是对经济维持性指标进行主成分分析选取的主成分得分，λ_1，$\cdots$，λ_n 分别是相对应的各个主成分的方差贡献率，依据同样的方法求得经济适应性和转型评价函数 $f(y)$、$f(z)$。$f(x)$、$f(y)$、$f(z)$ 得出的综合评价值代表某城市在整个评价中的相对水平，而非绝对水平，当其为正值时表明该城市发展水平要高于评价范围内的平均水平，为负值时表明要低于评价范围内的平均水平。本书认为城市经济系统维持性、适应性和转型性对城市弹性的贡献同等重要，因此城市经济弹性 $R = f(x) + f(y) + f(z)$。

二、资源型城市经济弹性现状特征分析

按照城市经济弹性能力评价函数的构建方法，对东北地区 19 个资源型城市 2010~2013 年的经济系统的维持性、适应性和转型性进行评价。运用 SPSS 软件对原始数据进行标准化处理并进行主成分分析，通过 Bartlett 球状检验，发现 3 组变量的 P 值在 0.05 水平上均显著，说明原始变量存在较强的相关性，适合使用主成分分析。本书选取主成分累积方差贡献率超过 80% 的主成分，分别计算得出城市经济系统的维持性、适应性和转型性的评价函数 $f(x)$、$f(y)$、$f(z)$，表达式为：

$$f(x) = 0.39F_1 + 0.35F_2 + 0.26F_3$$
$$f(y) = 0.58F_1 + 0.22F_2 + 0.20F_3$$
$$f(z) = 0.42F_1 + 0.23F_2 + 0.20F_3 + 0.15F_4$$

将提取的主成分代入上式，分别求得各资源型城市经济系统维持性、适应性和转型性的综合指数，并求得资源型城市经济弹性能力（见图 4-17）。2010~2013 年，19 个资源型城市经济弹性高于平均水平的包括盘锦、本溪等 11 个城市，双鸭山、七台河等 8 个城市低于平均水平。经济弹性排名前三位的城市分别为辽宁的盘锦、本溪和鞍山，弹性较低的城市为黑龙江省的四大煤城。从区域来看，辽宁省和吉林省的资源型城市经济弹性要明显高于黑龙江省，辽宁、吉林和黑龙江三个省份资源型城市经济弹性均值分别为 1.525、0.301 和 -1.332，辽宁和吉林

两省仅有葫芦岛市和白山市的经济弹性低于平均水平，而黑龙江省仅有大庆和黑河高于平均水平。从不同城市发展阶段来看，再生型城市经济弹性最高，为1.19，随后为成熟型（0.52）和成长型（0.23），衰退型城市（−1.01）经济弹性最低。再生型城市基本摆脱了资源依赖，接续替代产业基本培育完成，经济结构向多元化发展，城市经济扰动较小，城市适应能力整体较强，转型性较高。衰退型城市资源趋于枯竭，城市面临的外部扰动较大，而自身的适应能力不足，转型压力巨大，而转型能力不足。

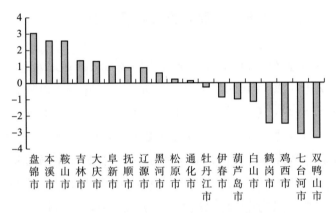

图4−17 东北资源型城市经济系统弹性能力

从不同资源类型的城市经济弹性指数平均状况来看，冶金类和石油类城市经济弹性较高，分别为2.58和1.52，随后为综合类城市（0.02）和森工类城市（−0.06），煤炭城市经济弹性最低，为−1.58。两个冶金类城市鞍山和本溪经济系统均属于高维持性、高适应性和高转型性城市。本溪市加快发展生物医药产业，鞍山市依托鞍钢集团，大力发展精特钢、钢铁深加工和菱镁新材料等产业，城市经济外部扰动较少，且经济结构进一步优化。两市的固定资产投资、地方财政收入和外资利用等经济适应性指标均较好，城市经济转型效果显著，国有和集体单位从业人员比重降低量超过20%，规模以上企业资产负债率明显降低。煤炭类城市经济弹性最低，除阜新和抚顺两市的经济弹性高于平均水平外，黑龙江省的四大煤城经济弹性排名最后。四大煤城以煤炭开采和初加工为主导产业，采掘业单位从业人员比重均在30%左右，其中七台河超过50%，长期以来煤炭产品价格较低，企业资产负债率较高，财政收入严重不足，GDP增长缓慢，城市经济面临的外部压力巨大，而单一的经济结构和较差的经济基础导致城市的维持能力和应对能力不足。煤炭城市接续替代产业培育缓慢，非煤产业比重较低，同时城市自身创新能力不足，R&D经费支出占GDP的比重不足0.5%，城市转型性较差。不同类资源型城市经济弹性平均值如表4-5所示。

表4-5　　　　　　　　　不同类资源型城市经济弹性平均值

城市类型	维持性	适应性	转型性	经济弹性
冶金类城市	0.574	0.826	1.178	2.578
石油类城市	-0.515	1.672	0.372	1.529
综合类城市	-0.043	-0.050	0.114	0.021
森工类城市	0.884	-0.423	-0.521	-0.060
煤炭城市	-0.649	-0.734	-0.202	-1.584

　　与城市经济弹性位序相比，盘锦、大庆的经济维持性要明显偏低，而黑河和牡丹江的经济维持性较好。盘锦、大庆等石油城市资源相对丰富，城市经济扰动相对较小，但是相对丰富的石油资源也导致产业结构单一，尤其是第三产业发展严重不足，2013年盘锦和大庆的市辖区服务业所占比重分别为28.1%、16.6%。黑河和牡丹江两市属于成熟型资源型城市，资源枯竭对城市发展的扰动作用较小，服务业发展较快，2013年两市服务业所占比重分别达到了42.8%和48.6%，产业结构多元化较高；同时凭借邻边优势，两市对外贸易发展较好。与城市经济弹性位序相比，盘锦、大庆的经济适应性要明显偏高，而黑河、牡丹江和伊春的经济适应性偏低，这与石油城市综合经济实力强，而森工类城市区位相对偏远、经济总量较小密切相关。大庆、吉林、黑河和牡丹江4

个城市的经济转型性与其经济弹性相比较差。大庆市对石油生产具有高度依赖性，城市应对外部扰动的适应能力较强，转型压力较小，形成路径依赖，城市转型性较差。吉林、牡丹江等森工类城市转型性相对较差与这些城市面临的转型压力相对较小有关，同时也与这些城市区位条件较差，区域发展缺乏发达经济中心的带动，城市自身转型能力不足有关。阜新、抚顺、辽源等城市转型性较强，主要由于这些城市作为资源枯竭型城市转型压力较大，2008 年、2009 年、2012 年，中国分三批确定了 69 个资源枯竭型城市，中央财政给予资源枯竭型城市大量财力性转移支付资金，用于支持公共基础设施建设、发展接续替代产业、解决企业历史遗留问题等，资源枯竭型城市经济转型性较高。资源型城市经济系统维持性、适应性和转型性如图 4-18 所示。

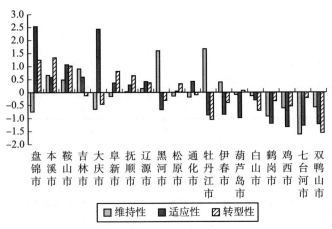

图 4-18 资源型城市经济系统维持性、适应性和转型性

三、资源型城市经济弹性演变过程分析

按照城市经济弹性能力评价函数的计算方法，计算振兴东北等老工业基地战略实施初期 19 个资源型城市经济系统的维持性、适应性、转型性和弹性，2003～2006 年，资源型城市的经济弹性如图 4-19 所示。

仅有大庆、盘锦等 8 个城市的经济弹性高于平均水平，大庆市的经济弹性最高（7.12），鹤岗、黑河、双鸭山等城市的经济弹性较小。2003～2006 年资源型城市经济弹性的标准差为 3.16，2010～2013 年为 1.92，经济弹性的标准差明显变小，说明经济弹性的区域差异明显变小。分别计算经济维持性、适应性和转型性的标准差，分别由 2003～2006 年的1.08、1.43 和 0.89 变为了 2010～2013 年的 0.83、1.16 和 0.77，均出现了不同程度的下降，经济系统的维持性、适应性和转型性的区域差异均趋于减小。整体来看，随着振兴东北等老工业基地战略实施，资源型城市经济系统面对内外部扰动的维持性、适应性和转型性以及经济弹性的区域差异均呈现减小趋势，振兴效果逐渐凸显。

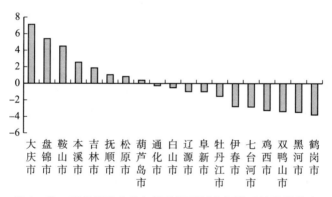

图 4－19　振兴战略实施初期资源型城市经济系统弹性能力

　　为了使 2003～2006 年和 2010～2013 年的资源型城市经济弹性具有可比性，将两阶段的经济系统维持性、适应性、转型性和弹性进行标准化处理，使其均值为 0，方差为 1。分别求得四个变量的增加值，并运用 ArcGIS 自然间断点分级法对资源型城市经济弹性的增加量进行分类。经济弹性增加量最大的三个城市分别为黑河市、阜新和辽源市，经济弹性减少量最大的四个城市分别为大庆、七台河、双鸭山和葫芦岛。2001年阜新确定为我国第一个资源枯竭城市经济转型试点，2007 年辽源市也被确认为经济转型试点，两市接续替代产业基本形成，阜新市已经形成装备制造业、农产品加工业与能源工业三大主导产业，辽源市培育了装备制造、农产品加工两个主导产业和高精铝加工、纺织袜业、医药等特色优势产业，两市对矿产资源的依赖程度逐渐降低，产业结构更加多样化，城市经济弹性明显提升。黑河市经济弹性增加明显主要由于城市经济维持性明显增强，振兴战略实施初期，大中型企业资产负债率、财政收支比等指标都排名最后，随着振兴战略的实施这些指标均出现明显的提升。大庆市经济弹性降低最明显，从振兴初期排名第 1 位下降到第 5 位，经济弹性指数下降了 1.56，这与大庆市对石油资源过度依赖，经济结构调整缓慢，城市经济转型动力不足密切相关。经济维持能力增加最大的城市为牡丹江和黑河两个森工类城市，维持能力减小最大的城市为大庆和盘锦两个石油城市。经济适应能力增加量最大的城市包括盘锦、吉林、通化、辽源和阜新 5 个城市，而大庆、七台河和葫芦岛经济适应能力较少明显。经济转型性增加最大的城市包括阜新、辽源、松原、鹤岗等城市，而大庆、吉林和牡丹江市经济转型性降低明显。

分别计算不同类型城市经济弹性的增加量，结果如表 4－6 所示，森工类城市经济弹性指数增加量最大，为 0.375，其次为冶金类城市（0.234）和综合类城市（0.100），煤炭城市经济弹性呈下降趋势，经济弹性指数下降了 0.136，石油类城市经济弹性下降量最大，为 － 0.608。森工类城市经济弹性增加主要由经济维持性明显增加造成的，森工类城市经济维持性指数增加了 1.448，振兴东北等老工业基地战略实施初期，由于国有林区实行政企合一的管理体制，造成企业效率低下、负债率高、财政自给率不足，经济面临的扰动较大，而森工类城市以木材生产为主要产业，经济维持能力较低。随着国有林权制度改革的深入，非国有经济得到快速发展，木材深精加工、绿色食品、旅游等产业快速发展，产业结构向多元化发展，城市经济维持性显著增强。石油类城市经济系统的维持性、适应性和转型性均出现了较大程度的减小，这与东北地区石油资源开发潜力仍然很大，石化产业比重过高，经济结构调整缓慢，国有和集体经济比重居高不下，经济转型效果相对较差密切相关。2003～2013 年大庆市第三产业所占比重仅增加了 6 个百分点，国有和集体单位从业人数从 2003 年的 28.4 万人增长到 2012 年的 46.16 万人。煤炭城市经济弹性下降与煤炭资源整体趋于枯竭，而煤炭城市替代产业培育难度大，城市面临的扰动进一步增强有关。

表 4 – 6 　　　　　　　不同类资源型城市经济弹性增加量

资源型城市类型	维持性	适应性	转型性	经济弹性
森工类城市	1.448	0.120	− 0.472	0.375
冶金类城市	− 0.321	0.029	− 0.093	0.234
综合类城市	0.024	0.039	0.240	0.100
煤炭城市	− 0.065	− 0.056	0.389	− 0.136
石油城市	− 2.092	− 0.148	− 0.169	− 0.608

第五章

资源型城市经济弹性差异的机理研究

经济地理学者对于弹性概念的定义往往拒绝将弹性定义为系统受到外部冲击而恢复到原来的稳定状态的工程弹性的概念，学者已经开始将演化的方法应用到弹性的定义中（Boschma，2015；Weichselgartner，2015）。演化弹性关注区域长时间适度应对能力以及如何重构区域的产业结构、技术结构和制度等方面，区域的弹性就取决于区域处理结构改变的能力，即创造新的发展路径的能力，因此研究区域发展的路径锁定与路径创造是分析区域经济弹性机理的重要过程。本章以国家资源型城市经济转型试点城市以及第一批资源枯竭城市——辽源为例，分析辽源市如何形成路径锁定以及在经济转型过程中如何进行路径创造，成为东北地区资源型城市转型绩效整体较好的城市；另外选取同为衰退型煤炭城市双鸭山作为对比分析案例，分析两个城市经济转型过程的弹性差异成因，为资源型城市转型发展提供借鉴。

第一节　资源型城市经济转型的路径创造
——以辽源市为例

一、辽源市经济发展的路径依赖形成

（一）研究区域概述

辽源市位于吉林省中南部，地处辽河、辉发河上游，长白山区向西

部松辽平原的过渡地带，以丘陵为主。辽源市土地面积 5140 平方公里，城市建成区面积 67 平方公里。下辖东丰、东辽两县，龙山、西安两区和一个省级经济开发区，总人口 121.8 万，其中城区人口 47.2 万。2014 年地区生产总值为 690.3 亿元，较 2013 年增长 9.4%，三次产业增加值所占比重分别为 8.55%：58.45%：33%。辽源自然资源丰富，辽源市是吉林省的煤炭生产基地，是东北地区重要的煤炭类城市，煤矿有百年开采历史，至 20 世纪 90 年代末辽源市域内的煤已经接近枯竭，由此产生了一系列的经济、社会和生态问题。国家也因此出台了系列政策支持资源型城市转型，2005 年 5 月 17 日，国务院振兴东北地区等老工业基地领导小组第二次全体会议召开，将辽源列入煤炭类型的资源型城市试点；2008 年 5 月，辽源市作为首批资源枯竭城市经国务院批准。

（二）辽源市经济发展的路径形成过程

1. 产业导入阶段（新中国成立前）

清光绪二十年（1894 年），旅顺、大连等地的农民不顾清政府禁令，陆续入境开荒种地，随着农副产品日益增加，县城逐渐形成农副产品集散地，随之手工业作坊、粮食加工、商业和服务业陆续兴起。1910年西安县农民挖井时发现煤层，1912～1924 年先后有富国、大成、裕兴、长安等煤炭公司开窑采煤，年产煤 5 万吨左右。1927 年张作霖成立官商合办的西安煤炭公司，煤炭年产量增至 16 万吨，成为当时东北地区有影响力的能源基地之一。1921～1922 年原西安县保安团团长以私人资本筹建西安电气股份有限公司，东北沦陷后，伪满洲电业株式会社收买该公司，多次扩增发电机组，西安县因此成为东北较大的火力发电基地。煤电工业的发展又带动了交通运输业的发展，周围的农副土特产都运往这里销售，形成三台栈、天增顺等批发商行，并带动了当地的手工业的发展。因此中华人民共和国成立前辽源市已经初步实现了由农业城镇向工业城镇的转型，产业结构锁定在煤炭开采、煤炭发电、农副产品生产与加工等行业。

2. 产业结构锁定阶段

新中国成立后，辽源市从恢复辽源煤炭和电力生产入手带动地方工业恢复和发展，1949 年煤炭开采量和发电能力分别为 128 万吨和 73642 千瓦，较 1947 年增长了 1 倍多，1950 年，中央竖井被列为国家第一个五年计划期 156 项重点工程之一，改造后矿井增产 20 万吨，辽源市成为吉林省内最大的能源基地之一。1958 年开始，辽源市开始发展地方工业，从上海等工业发达地区引进工业设备，聘请专门的技术人员，从以前的建材厂等企业分化出肥料厂、铁合金厂、碳素厂油毡纸厂、细菌肥料厂等，新增的轻纺产品包括香皂、味精、乒乓球、针织内衣等系列产品。1958 年以后，轻工业逐渐导入辽源市产业结构，重工业的路径锁定程度越来越高。

1958 年重工业产值占比达 76.33%，轻工业产值占比为 23.3%；到 1968 年轻、重工业产值比重为 62.9%：37.1%；此后轻工业所占呈持续增长趋势，至 1985 年轻工业所占比重达到了 43.5%，此后持续在较高水平（40%）（见图 5－1）。振兴东北老工业基地战略实施后，轻工业所占比重呈现下降趋势，近些年又呈现上升趋势。从工业结构内部看，中华人民共和国成立后，轻工业所占比重逐渐升高，在 20 世纪 90 年代末

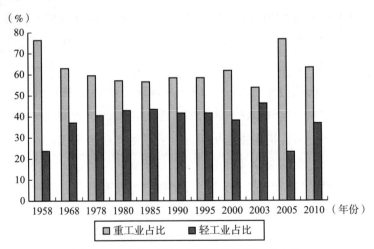

图 5－1　1958～2010 年辽源市轻重工业占比

达到峰值，振兴东北战略实施后，轻工业所占比重先下降后上升。而重工业作为辽源市工业结构的主要组成部分，一直占有非常高的比重，产业导入较早，新中国成立后重工业逐渐锁定，而振兴东北老工业基地战略实施初期加剧了这种锁定效应，此后随着资源型城市转型的逐渐实施，重工业所占比重逐渐下降，重工业解锁效应逐渐凸显。

从三次产业结构来看，第一产业所占的比重整体呈下降趋势，在20世纪90年代波动性较强。中华人民共和国成立后第二产业所占比重一直维持较高水平，1988年之前，第二产业所占的比重均高于45%，此后呈波动下降趋势，至2000年左右，第二产业所占比重下降至最低，此后呈现迅速增长的趋势，近些年所占比重维持在58%左右。2000年前，第三产业所占比重呈现持续增长状态，振兴东北战略实施后，由于重点扶持工业发展，导致第三产业所占比重逐渐下降（见图5-2）。

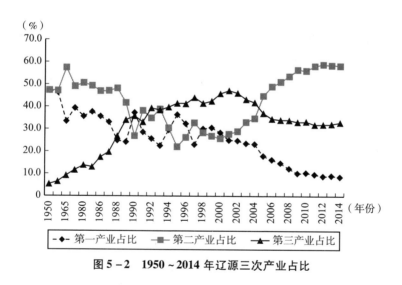

图5-2　1950~2014年辽源三次产业占比

二、辽源市经济转型的路径创造

（一）辽源市路径突破的过程

辽源市经济转型是以东北振兴规划的提出为契机，政府政策导向的路径突破过程。2003 年东北振兴意见提出东北资源型城市要着力调整单一类型的产业结构；2005 年辽源市被确立为资源型城市经济转型试点；2007 年《东北振兴规划》获得国务院批准，规定辽源市应"大力引进高新技术企业和人才，发展特种合成纤维材料、高性能特种合金材料、新型建筑材料等；以生物技术为核心，发展生物制药、保健品和有机食品加工业；提升装备制造、纺织服装、建材等传统产业竞争力"。2008 年，辽源被确定为国家首批资源枯竭型城市经济转型试点，辽源市经济转型进一步加快脚步。

振兴东北战略实施后，尤其是 2008 年被确认为首批资源枯竭型城市经济试点后，辽源市政策导向的路径创造有序展开（见图 5 - 3）。首先以中央政府的政策导向为契机，充分抓住国家的政策、资金支持。中央财力性转移支付是国家促进资源枯竭城市可持续发展的重要支持政策之一，对促进资源枯竭城市经济转型起到了积极引导作用，2007 ~ 2014 年，国家累计拨付资源枯竭城市财力性转移支付资金 157409 万元。主要用于社会保障、教育、医疗卫生、环境保护、棚户区改造等方面，中央财力性转移支付为经济转型解了燃眉之急，缓解了财政压力，有力地推动了经济转型的步伐。辽源市以加快转型，全面转型为主线，转变经济发展方式，注重政策和规划的引导作用促进城市转型，辽源市颁布了《吉林省辽源市资源枯竭型城市转型规划（2010 ~ 2015 年）》《吉林省辽源市老工业基地调整改造规划（2013 ~ 2022 年）》等系列规划促进城市转型。路径突破过程中采用项目带动和投资拉动的战略，仅 2014 年，全市就有 220 个亿元以上项目按年初计划已全部开复工，开复工率100%，累计完成投资 416.5 亿元。转型过程中充分调动民营经济的积极性，积极推进国企改革。把民营经济作为推进转型升级的主力军，不断壮大企业群体；截至 2013 年末，辽源市国有工业企业改革工作已经全面完成，474 户国有企业实现了各种形式的改革，地方国有工业企业已经全部退出国有序列。辽源市全力推动接续替代产业发展，突出主导产业和特色优势产业发展。辽源市确定了"突出发展装备制造和农产品深加工两大主导产业，培育发展高精铝加工、纺织袜业和医药三个特色优势产业"的发展战略，2014 年，两大主导和三个特色优势产业完成产值838.1 亿元，占全市工业比重的63.6%。

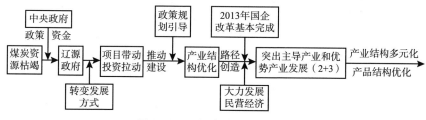

图5-3 辽源市路径创造流程

（二）辽源市产业结构优化过程

计算2003 年以来辽源市规模以上工业企业中各行业工业增加值所占比重，选取工业增加值所占比重超过5%的行业，其中包括煤炭开采和洗选业、农副食品加工业、纺织业、化学原料和化学制品制造业、医药制造业、非金属矿物制品、黑色金属冶炼和压延加工业、有色金属冶炼和压延加工业、通用设备制造业、专用设备制造业、汽车制造业和电力、热力的生产和供应业12 个行业。2014 年，辽源市规模以上企业工业增加值所占比重较高的行业主要有黑色金属冶炼和压延加工业（14.7%）、专用设备制造业（10.6%）、农副食品加工业（8.7%）和非金属矿物制品业（7.7%）等行业。与振兴东北战略实施初期相比，煤炭开采和洗选业所占比重下降最大，2003 年煤炭开采和洗选业所占的比重高达20.3%，2014 年下降为3.4%，下降了近17 个百分点，煤炭开采业解锁效果显著。电力、热力的生产和供应业所占比重也出现了较大幅度的下降，从2003 年的10.4%下降到2014 年的1.3%，另外农副食品加工业、汽车制造业、有色金属冶炼和压延加工业出现了一定程度的下降。黑色金属冶炼和压延加工业所占比重增加显著，从3.9%增加到14.6%；另外通用设备制造业、专用设备制造业和纺织业等行业所占比重增加较显著。2003 ~ 2014 年辽源市规模以上工业企业分行业工业增加值占比如图5-4所示。

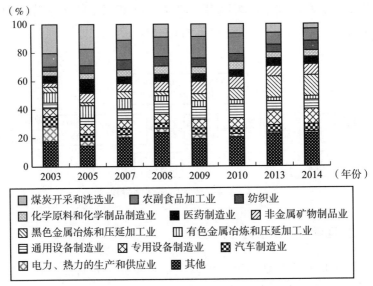

图 5 – 4　2003～2014 年辽源市规模以上工业企业分行业工业增加值占比

参考相关学者的分类（刘春燕等，2014）将制造业按照行业特征将制造业 31 个行业划分为初级制造业、中间品制造业、深加工制造业 3 类。其中初级制造业包括农副食品加工业；食品制造业；酒、饮料和精制茶制造业；烟草制品业；纺织业；纺织服装、服饰业；皮革、毛皮、羽毛及其制品和制鞋业；木材加工和木、竹、藤、棕、草制品业；家具制造业；造纸和纸制品业；印刷和记录媒介复制业；文教、工美、体育和娱乐用品制造业 12 个行业。中间品制造业包括石油加工、炼焦和核燃料加工业；化学原料和化学制品制造业；医药制造业；化学纤维制造业；橡胶和塑料制品业；非金属矿物制品业；黑色金属冶炼和压延加工业；有色金属冶炼和压延加工业；金属制品业 9 个行业。深加工制造业包括通用设备制造业；专用设备制造业；汽车制造业等其他 10 行业。计算 2003 年以来采掘业、三类制造业和电力、燃气及水的生产和供应业（配套业）工业增加值所占比重，如图 5 – 5 所示。可以发现采掘业所占比重减少明显，制造业中中间品制造业和深加工制造业所占比重增加较大，制造业升级显著。

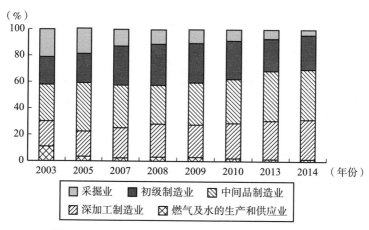

图 5 – 5　2003～2014 年辽源市不同类型制造业占比

为进一步研究辽源市工业结构的演变特征，分析工业内部的行业多样化指数，产业多样化的度量方法很多，选用熵值指数法计算产业多样化指数，用来测度制造业内部结构多样化程度。熵值指数的计算公式如下：$EI = \sum_{i=1}^{n} X\ln\left(\dfrac{1}{X_i}\right)$，$EI$ 为熵值，代表产业结构多样化指数程度，X_i 为工业分行业的某一行业增加值比重，计算结果如图 5 – 6 所示。计算结果显示辽源市工业行业多样化指数呈现先上升后下降的趋势，整体呈现上升趋势。这说明振兴东北战略实施后，辽源市工业的行业结构整体是趋于多元化的，资源型城市单一产业结构的现状改善显著。而行业多样化指数在 2008 年左右达到较高水平，而此后呈现下降趋势，这与城市主导产业和支柱产业优化调整密切相关。2008 年工业增加值最高的三个行业：农副食品加工业（13.6%）、煤炭开采和洗选业（9.2%）和通用设备制造业（8.9%），所占比重 31.7%。而到 2014 年随着辽源市确定了"2 + 3"的产业结构体系后，支柱产业和优势产业地位进一步强化，工业增加值最高的三个行业：黑色金属冶炼和压延加工业（14.7%）、专用设备制造业（10.6%）和农副食品加工业（8.7%），所占比重达 34.0%，优势产业集聚效应进一步强化，并且优势产业优化升级明显，从采掘业和初级制造业向中间品制造业和深加工制造业转型。

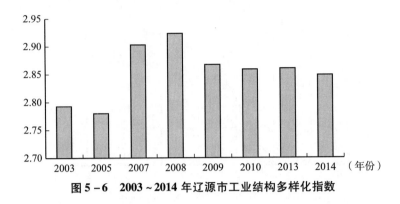

图 5 – 6　2003 ~ 2014 年辽源市工业结构多样化指数

（三）煤炭产业的路径创造

辽源煤田开采始于 1911 年，煤炭开采有百年的历史，20 世纪 50 年代鼎盛时期煤炭业产值占工业总产值的比重高达 80% 以上，煤炭产量占全国的 1/29，到 2007 年，辽源市矿务局累计生产煤炭 2 亿多吨，上缴税费 15 亿元（孙艳霜，2013）。自 80 年代起，辽源市煤炭储量逐渐趋于枯竭，城市转型迫在眉睫，尤其是振兴东北老工业基地战略实施后，煤炭产业占工业总产值的比重迅速下降，辽源市走出从煤炭城市向综合型城市转型的新路径，研究其煤炭产业的路径创造对了解城市转型具有至关重要的作用。辽源市煤炭产业所占比重自振兴东北战略实施后呈现持续的下降趋势，2003 年占比超过 20%，至 2014 年所占比重仅有 3.4%。煤炭开采和洗选业占工业增加值比重如图 5 – 7 所示。

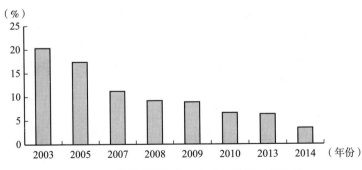

图 5 – 7　煤炭开采和洗选业占工业增加值比重

辽源矿业（集团）有限责任公司是全国煤炭工业百强企业，企业的发展过程反映了辽源市煤炭产业的转型过程。1948年建立西安矿务局，2005年12月22日，辽源矿务局改制为辽源矿业（集团）有限责任公司。辽源矿业公司的原煤产量在20世纪50～90年代，基本保持在300万～400万吨左右，在2002年以后全局煤炭产量发生突破性增长，2004年企业跻身中国煤炭工业百强企业，2005年煤炭产量完成711.2万吨，比2000年增产403.2万吨，翻了一番多，2009年，实现煤炭产量首次超万吨，2011年，煤炭产量完成1 313万吨，达到历史最高值，此后呈下降趋势（见图5－8）。

图5－8　1949～2012年辽源矿业公司原煤产量

辽源市煤炭储量虽然趋于枯竭，但是辽源矿业公司的原煤产量却呈现持续增长的趋势，这一方面与采煤技术提高有重要关系，而更主要的原因是辽源矿业公司积极发展域外煤炭开采。2001年4月，成立金宝屯煤矿（通辽市），2004年投产生产；2006年龙家堡煤矿矿井建设开工（长春市）；2008年，收购贵州坪子煤矿并加以改造，使之成为公司所属煤矿之一。目前，辽源矿业公司所属煤矿包括西安煤业公司、梅河煤矿、金宝屯煤矿、龙家堡矿业公司、红梅矿、贵州坪子煤矿，此外，还有正在筹建的云南富源煤矿，以保证矿区的接续发展。2013 年公司原煤总产量 878 万吨，其中辽源市产煤量仅占 18.9%，域外产煤量超过 80%。辽源煤矿坚持"以煤为主，多种经营"的方针，发展多种经营，目前已经形成了吉林省机械装备制造有限责任公司、新型墙体材料公司、辽源泵业有限责任公司、方大锻造有限责任公司建设工程有限公司等经营主体。辽源矿业公司煤矿产量如表 5 - 1 所示。

表 5 - 1　　　　　　　　辽源矿业公司煤矿产量情况

	煤矿地点	投产时间	煤矿储量	2013 年生产能力
西安煤业公司	辽源市	1955 年		166
梅河煤矿	梅河口市红梅镇	1970 年		305
红梅矿	梅河口市红梅镇	1976 年		17
金宝屯煤矿	通辽市科左后旗查日苏镇	2004 年	10632 万吨	193
龙家堡矿业公司	长春市九台区龙家堡镇	2006 年	1.8 亿吨	188
贵州坪子煤矿	贵州省大方县	2008 年		9

　　整体来看，辽源市煤炭资源趋于枯竭，煤炭产业占工业产值的比重持续下降，城市产业结构转型有序推进，但是煤炭产业并没有完全退出，而是通过积极利用域外煤炭资源，提高煤炭产量，同时发展多种经营主体，煤炭产业有序退出，路径创造显著。

（四）袜业的路径创造

　　振兴东北战略实施后，辽源市纺织业占工业增加值的比重整体呈现上升趋势，从 2003 年的 2.9% 上升到 2014 年的 6.6%，纺织袜业已经被确立为辽源市的三个特色优势产业之一。20 世纪六七十年代，因为发达的轻纺工业被誉为"东北小上海"，并享有"中国棉袜之乡"。60 年代，建有第一针织厂生产内衣，第二针织厂生产袜子两家国营企业。第一针织厂在 90 年代破产，第二针织厂通过整合优质资产，分为松鹤和华峰两家厂，后来两家企业转制，国有资本全部退出。目前辽源市形成了以东北袜业园、天马松鹤袜业、欧蒂爱袜业等骨干企业为龙头，并形成了"南有诸暨、北有辽源"的产业格局。2003～2014 年纺织业占工业增加值比重如图 5 - 9 所示。

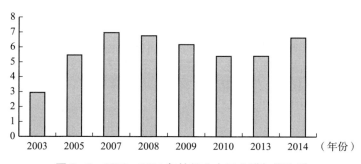

图 5 - 9　2003～2014 年纺织业占工业增加值比重

自 20 世纪 80 年代中期，两家国营老厂向市场经济转轨的过程中效益不断下滑，失业人员不断增加，下岗的工人们自谋生路，小袜厂逐渐兴起。辽源市袜业产业的路径突破有两个关键性时间节点，即 1996 年和 2005 年。1996 年源市袜业公会成立，政府连发三个文件，并推出一系列政策扶持袜业，扶持当时的袜业企业，尤其是小规模的民营企业；同时天马袜业公司成立，如今已发展为辽源袜业两巨头之一。整体来看，1996 年辽源市的系列政策措施促进了袜子产业的发展，保护了民营企业，使民营经济的活力被释放。

2005 年，全国第一个由民营企业建设的袜业集中工业园区——东北袜业园开工建设，工业园区的建设是辽源市袜业突破发展瓶颈的关键，通过园区建设的方式将已有的袜业资源进行有效配置和整合，提高辽源袜业的整体竞争力。从园区奠基到首批 21 户袜业企业签约，用了120 天；仅用 220 天，完成了 1.5 亿双产能、2.5 亿元产值；用了 7 年，产能达到 15 亿双，产能跃居全国第二。2016 年，园区又提出了"大销售 + 云平台"基础上的"淘宝 5000"计划，大力发展电子商务，打造属于园区自身的销售团队。整体来看，辽源市利用其产业优势、政策优势，通过袜业工业园区的建设将辽源市的袜业资源进行了充分的整合，通过"品牌"的作用，提升袜业在全国乃至全球的影响力。

（五）装备制造业的路径创造

按照国民经济行业分类，装备制造业包括金属制品业、通用装备制造业、专用设备制造业、交通运输设备制造业、电气机械及器材制造业、通信计算机及其他电子设备制造业、仪器仪表及文化办公用装备制造业7个大类185个小类。计算辽源市装备制造业占工业增加值的比重（见图5-10）。可以发现装备制造业占工业增加值比重呈现持续增加的趋势，由2003年的17.8%增加到2014年的25.9%，尤其是专用设备制造业占比增长迅速，从2003年的5.6%增长到2014年的10.6%。

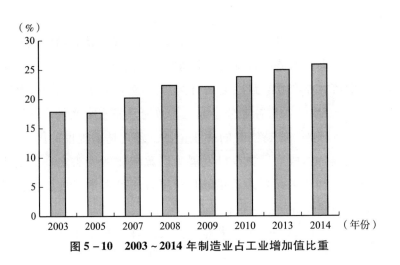

图5-10　2003~2014年制造业占工业增加值比重

装备制造业已经被确定为辽源市两大主导产业之一。近几年，辽源市以提升产品、转向整机、促进低中端生产向中高端制造转变为重点，加大技术改造力度，拓展产品领域，装备制造业发展水平显著提升。目前装备制造业围绕重点矿山机械制造、汽车零部件、建筑机械制造、轨道交通设备、节能环保设备、农用机械制造、金属制品等领域加快产品升级。形成了以富奥泵业、宁波均胜为核心的汽车零部件产业集群；以方大锻造、聚源重型、辽源煤机厂为核心的矿山装备产业集群；以东岳建筑机械为核心的建筑机械产业集群等 3 大装备制造产业集群。重点在渭津工业区打造了建筑机械、建筑材料产业园，在东辽工业集中区打造了矿山装备、大型锻造产业园两大装备制造产业园。

三、结论与讨论

从辽源市的路径形成与路径创造的过程中，我们可以发现辽源市的路径形成是依赖于其丰富的煤炭资源，而路径创造的过程也是以原有的产业发展为基础进行的路径创造的过程，并且是一种政策导向的路径创造过程。在辽源市路径创造过程中偶然的历史事件发挥着重要的作用，即强调历史的重要性，同时制度因素在辽源这种计划经济色彩浓重的城市，在路径创造过程中发挥着重要的作用。资源型城市的路径形成与路径创造具有更强的典型性，路径创造能力较强的城市具有较高的经济弹性。

首先，辽源市作为东北地区转型效果最好的城市，其经济弹性也比较高，说明转型性作为经济弹性的重要组成部分，对提高资源型城市经济弹性有重要的作用。路径创造能力较强的城市具有较好的城市转型绩效，而路径创造同样对提高城市经济转型性和经济弹性具有重要的意义。提高资源型城市路径创造的水平，使资源型城市从传统的资源型产业路径中走出来，对提高城市经济弹性具有重要的作用。

其次，辽源市在路径创造过程中，偶然的历史事件发挥着重要的作用。偶然的历史事件是决定资源型城市走上哪一条路径的重要影响因素，其一旦进入经济发展过程，所产生的影响功能将会被放大，因此资源型城市的路径创造具有偶然性，却具有一定的历史必然性，新的路径不会凭空创造出来，必然有一定的历史基础，即历史偶然性。辽源市在路径创造过程中，之所以选取了纺织袜业作为重要的方向，而其他资源型城市并不具备向这个方向发展的能力，主要是因为辽源市从 1958 年开始发展地方工业时，就从上海等地学习轻纺工业的技术，形成了一定的发展历史。因此资源型城市在进行路径创造的时候，要尊重城市发展的基础。

最后，制度因素对路径创造有重要的影响作用。路径依赖的形成不仅仅是历史偶然事件或小事件引起的，而更多的是由行动者的有限理性以及制度转换的较高的交易成本所引起的，因此辽源市在路径创造过程中制度因素起到了至关重要的作用，辽源市是政策主导下的路径创造过程，这也说明了资源型城市在路径突破过程中政府行为的作用。

第二节　资源型城市转型经济弹性差异成因分析
——以辽源和双鸭山为例

一、辽源和双鸭山市转型差异概述

（一）辽源和双鸭山市发展概述

依据全国资源型城市可持续发展规划（2013～2020 年），辽源市和双鸭山市均属于资源枯竭型城市，两个城市资源均趋于枯竭，经济发展滞后，民生问题突出，生态环境压力大，是加快转变经济发展方式的重点难点地区。双鸭山市拥有黑龙江省第一大煤田，煤炭储量占据黑龙江省总储量的 54%，煤炭总储量约 117 亿吨。从经济发展状况看，2014 年辽源市人口总数为 121.8 万人，双鸭山人口总数为 149 万人，辽源市人口比双鸭山市少 27.2 万人；而辽源市的经济总量为 690.3 亿元，比双鸭山市经济总量多 257.6 亿元；辽源市的人均 GDP 为 56467 元，是双鸭山市人均 GDP 的近两倍。2014 年辽源市经济增速为 6.5%，与吉林省经济增速基本持平，而双鸭山市经济增速为 -11.5%，经济出现负增长，明显低于黑龙江省的平均水平。辽源市通过产业结构优化升级，采矿业增加值占 GDP 的比重下降到了 3.4%，而双鸭山市依旧高达39.8%；辽源和双鸭山市服务业增加值占 GDP 的比重分别为 33% 和

35.9%，相差不大。整体来看，辽源市经济总量、经济增速和产业结构（尤其是采矿业所占的比重）要明显的优于双鸭山市。

从民生状况看，辽源市人口自然增长率为 2‰，而双鸭山市人口自然增长率为 -1.9%，出现了人口和经济均负增长的状况，人口流失严重；2013 年辽源市城镇居民人均可支配收入为 24379 元，高于双鸭山市的 18734 元。整体来看，由于辽源市经济发展状况要明显优于双鸭山市，导致辽源市民生状况比双鸭山市相对较好。从生态环境状况来看，两市建成区绿化覆盖率分别为 40.3% 和 43.1%，城市建成区绿化状况相近；工业废水排放量分别为 1788 万吨和 2933 万吨，单位工业产值的废水排放量分别为 5.32 万吨/亿元和 29.7 万吨/亿元，辽源市单位工业产值废水排放量明显低于双鸭山市。辽源市和双鸭山市发展状况指标如表 5 - 2 所示。

表 5 - 2　　　　　　　　辽源市和双鸭山市发展状况指标

	指标对比	辽源市	双鸭山市
经济发展	GDP 总量（亿元）	690.31	432.68
	GDP 增速（%）	6.55	-11.5
	采矿业增加值占地区生产总值比重（%）	3.4	39.8
	服务业增加值占地区生产总值比重（%）	33	35.87
	人均地区生产总值（元）	56467	28964
民生状况	人口总数（万人）	121.8	149
	人口自然增长率（‰）	2	-1.9
	城镇居民人均可支配收入（元）（2013 年）	24379	18734
生态环境	工业废水排放量（万吨）	1788	2933
	建成区绿化覆盖率（%）	40.3	43.1

（二）辽源和双鸭山市转型差异及原因初探

依据前面对东北资源型城市转型绩效的评价可以发现，辽源市是东北地区资源型城市转型绩效最好的城市，而同样是衰退型城市的双鸭山市转型绩效却较差，尤其是社会转型方面明显较差。对比振兴战略实施初期与现阶段各项指标的变化情况（见表5-3）。从经济发展的具体指标看，2003~2014年，辽源市的人均GDP、GDP总量增长率明显高于双鸭山市，第三产业和采矿业增加值占地区生产总值比重增加值均小于双鸭山市，说明辽源市第三产业增长缓慢，而采矿业占GDP的比重下降明显。从社会发展的具体指标看，2003~2014年两市人口总数均呈下降趋势；辽源市城镇登记失业人数呈下降趋势，而双鸭山市失业人数呈增长趋势；辽源市的人均社会消费品零售总额和城镇居民人均可支配收的增长率均高于双鸭山市。从生态环境指标看，辽源市市辖区绿化覆盖率增长率明显高于双鸭山市，辽源市单位工业产值的废水排放量呈下降趋势，而双鸭山市呈增长趋势，辽源市生态环境改善情况明显优于双鸭山市。

表5-3   2003~2014年辽源市和双鸭山城市转型指标增长率

	指标	辽源市	双鸭山市
经济发展	人均GDP增长率（%）	759.47	280.40
	GDP总量增长率（%）	745.85	276.61
	第三产业增加值占GDP比重增长率（%）	-23.8227	15.07
	采矿业增加值占地区生产总值比重增长率（%）	-83.25	-40.86
社会发展	人口总数增长率（%）	-1.93	-1.22
	城镇人口登记失业人数增长率（%）	-38.26	89.09
	城镇居民人均可支配收入增长率（%）	287.39	258.41
	人均社会消费品零售总额增长率（%）	585.41	252.28
生态环境	市辖区绿化覆盖率增长率（%）	72.88	27.59
	单位工业产值废水排放量增长率（%）	-55.77	109.22

辽源市和双鸭山城市转型差异较大，为进一步分析两市城市转型差异的原因，本书重点从GDP增长率、产业结构演化、工业结构优化升

级等方面分析两市转型差异的原因。分析两市的经济增长速度可以发现，2012 年之前两市经济增速比较稳定，双鸭山市经济增速维持在 10% ~ 15% 之间，辽源市经济增速整体高于双鸭山，部分年份的经济增长率超过 20%。2012 年以后两市经济增长率均出现了明显的下滑，尤其是双鸭山市，2013 年和 2014 年经济出现负增长，经济增长率分别为 –1.83% 和 –11.48%。整体来看，2003 ~ 2012 年间辽源市经济增长率明显高于双鸭山，而 2012 年东北经济出现"断崖式"下滑过程中，辽源市的经济下行较小，而双鸭山市经济下行明显，两个阶段的经济增速均导致辽源市经济转型优于双鸭山市。2003 ~ 2014 年辽源市和双鸭山市经济增长率如图 5 –11 所示。

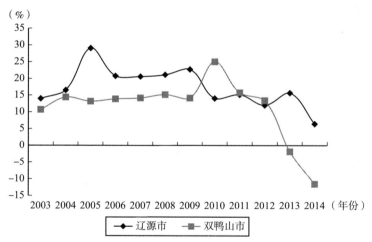

图 5 –11　2003 ~ 2014 年辽源市和双鸭山市经济增长率

　　分析双鸭山市三次产业结构的演变可以发现（见图 5 – 12），振兴东北战略的实施对双鸭山市产业结构调整产生了一定的影响。2003 年之前，三次产业结构调整缓慢，第二产业所占的比重在 1995 ~ 2003 年间几乎没有变化，第三产业所占比重呈现略微上升的趋势。振兴东北战略实施后，产业结构调整显著，尤其是第二产业所占比重呈现明显的上升趋势，第二产业所占比重从 2003 年的 41%，上升到 2010 年的 46%，但此后所占比重呈下降趋势，尤其是 2014 年第二产业所占比重突然下降，从 2013 年的 43.1% 下降到 2014 年的 26.1%。与之相对应，振兴战略实施后，第三产业所占的比重呈现先上升后下降的趋势，而第一产业整体呈现上升趋势。对比两市的产业结构演变特征可以发现，辽源市三次产业结构占比从 2003 年的 23.6：33.1：43.3 调整为 2014 年的 8.6：58.4：33，第二产业占比显著增强，而第一产业占比下降明显；双鸭山市三次产业结构占比从 2003 年的 27.8：41.0：31.2 调整为 2014 年的 38：26.1：35.9，第一产业产增强，而第二产业占比下降，制造业和服务业等产业集聚作用不突出，产业结构调整方向不佳。整体来看，辽源市产业结构向第二产业调整显著，而双鸭山市产业结构调整缓慢，第二、第三产业增长缓慢。

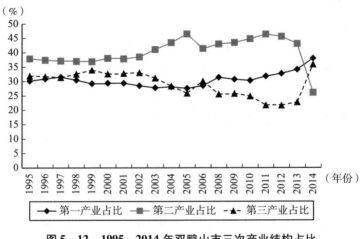

图 5-12　1995~2014 年双鸭山市三次产业结构占比

从工业行业内部看，振兴战略实施后，双鸭山市采掘业增加值占工业增加值的比重出现了一定程度的下降，从 2005 年的 71.41%，下降到 2013 年的 32.79%，在 2014 年又出现一定的增长；而制造业占比呈现持续上升的趋势，从 2005 年的 10.57%，增长到 2013 年的 62.2%，在 2014 年出现了一定的下降；电力、热力、燃气及水生产和供应业占比相对稳定。与双鸭山市相比，辽源市采掘业下降趋势更明显，从2003年的21.2%下降到2014年的4.2%，且制造业增加值占比远高于双鸭山市，2014年制造业占比为94.1%，远高于双鸭山的43.8%，工业结构优于双鸭山市，且工业结构调整显著。2005～2014年双鸭山市工业分行业增加值占比如图5-13所示。

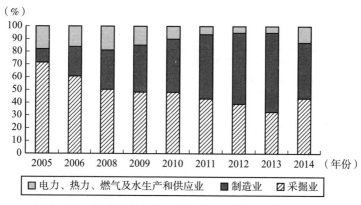

图5-13　2005～2014年双鸭山市工业分行业增加值占比

　　计算2003年以来双鸭山市规模以上工业企业中各行业工业增加值所占比重，选取工业增加值所占比重超过5%的行业，仅包括煤炭开采和洗选业、农副食品加工业、石油加工、炼焦和核燃料加工业、黑色金属冶炼和压延加工业黑色金属矿采选业和电力、热力的生产和供应业6个行业。辽源市工业增加值所占比重超过5%的行业有12个行业，与辽源市相比，双鸭山市行业多样性明显不足。双鸭山市规模以上工业企业分行业工业增加值占比最高的两个行业是煤炭开采和洗选业、农副食品加工业，2014年占比超过63%，采掘业和初级制造业占比较高，而高端制造业发展明显落后于辽源市。振兴战略实施后，虽然煤炭开采和洗选业占比呈现下降趋势，但是仅有农副食品加工业占比增长显著，其他行业发展明显不足，双鸭山市工业结构高级化发展缓慢，工业结构调整滞后于辽源。双鸭山市主要规模以上工业企业分行业工业增加值占比如图5-14所示。

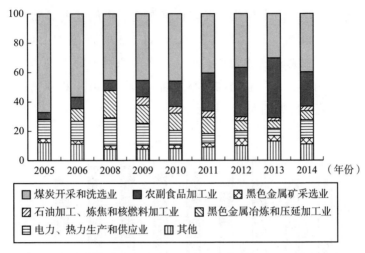

图5-14 双鸭山市主要规模以上工业企业分行业工业增加值占比

二、辽源和双鸭山市转型的经济弹性过程分析

狭义经济弹性的测算从定量的角度分析了资源型城市应对经济衰退的经济维持性和恢复性，霍林提出的适应性循环模型对社会—生态系统动态演化过程描述、分析效果较好，这一模型从定性的角度描述了系统演化的四个阶段：开发（exloitation phase）—保持（conservation phase）—释放（release phase）—重组（reorganization phase），经济弹性的适应性循环可以划分为两个环，一个是与经济的出现、发展、维持有关的经济结构及经济发展路径（开发和保持），另一个是与经济的下滑以及探索新的经济发展路径的过程（释放和重组）。在开发阶段，区域经济得到发展，随着新的本土产业的比较优势和外部经济的本土化使得物力、人力、技术资本得到积累。随着区域的发展，区域间不同发展要素间的联系不断得到强化，路径形成锁定，区域经济结构变得僵化。如果在这个时候受到冲击扰动，区域经济就会出现发展动力不足，企业可能会出现倒闭或外迁、经济联系下降、集聚的本土经济影响力下降，这样导致旧的经济结构和制度体系得到打破，这样就使区域有了释放和

重组的机会。

本章分析辽源和双鸭山市中华人民共和国成立以来重要的发展战略和发展过程中遇到的重大问题，将两个城市的发展阶段进行划分（如表 5-4 所示）。中华人民共和国成立后，1949～1952 年经历了经济恢复时期，两个城市均进入了重组阶段。1953～1957 年国家第一个五年计划实施，在苏联援助下我国开始了以 156 个项目为主的工业体系建设，其中包括了辽源煤矿中央竖井和双鸭山洗煤厂，标志了两市经济发展进入开发阶段，此后 1966～1976 年"文革"十年两市经济均经历了动荡发展的阶段。1978 年十一届三中全会，国家提出了"调整、改革、整顿、提高"，辽源市实行了"对外开放、对外搞活"的发展战略，双鸭山市充分落实国家的方针政策，两市进入保持阶段。20 世纪 90 年代，东北老工业基地普遍出现了经济发展缓慢或停滞的现象，即"东北现象"，它是老工业基地衰退的标志和发展的主要标志，在这个时候，辽源市的煤炭资源趋于枯竭，加剧了城市的衰退，两市进入了"释放阶段"。2003 年国家提出了振兴东北等老工业基地战略，为两市的发展提供了新的机会，两市进入了重组阶段。整体来看，2003 年之前，两市的发展轨迹比较相似，经历了大致相同的适应性循环过程。

表 5-4　　辽源和双鸭山市主要发展战略和适应性循环阶段划分

	辽源市	双鸭山市
	1. 重组阶段	1. 重组阶段
1949 年	新中国成立	新中国成立
	2. 开发阶段	2. 开发阶段
1953 年"第一个五年计划"	中央竖井被列为国家"一五"期间 156 项重点工程之一	双鸭山洗煤厂
1955 年		中国自行设计、自行施工的第一对竖井——岭西竖井胜利建成移交生产
1966～1976"文革"十年	振荡期	振荡期

	辽源市	双鸭山市
	3. 保持阶段	3. 保持阶段
1978 年十一届三中全会	实行"对外开放，对内搞活"	贯彻执行国民经济"调整、改革、整顿、提高"方针
	4. 释放阶段	4. 释放阶段
1990 年	域内煤炭资源趋于枯竭，煤炭效率明显下降	东北现象
1997 年	亚洲金融危机、"国企改革三年脱困两大目标"	亚洲金融危机、"国企改革三年脱困两大目标"
2000 年"十五"规划纲要	"突出一个重点，壮大五个特色产业"：突出纺织、轻工业地位，将辽源市建成东北有影响的轻工业城市；壮大袜子产业、新材料产业、医药精细化工、农畜产品加工和绿色产品产业	重点建设冶炼、煤转电和煤化工、绿色食品、北药开发、高新技术产业、新型建材和旅游 6 个项目群
	5. 重组阶段	5. 重组阶段
2003 年	振兴东北等老工业基地战略提出	振兴东北等老工业基地战略提出
2004 年		龙煤集团重组了黑龙江四大煤城的重点煤矿
2005 年"十一五"规划纲要	加快发展新材料产业（铝材料、新型建材、氨纶、芳纶）；健康产业（生物制药、保健品和有机食品加工）传统优势产业（水泥、装备制造、纺织袜业）	构建全国煤电和绿色食品加工基地；全省钢铁和煤化工基地
2007 年东北地区振兴规划	大力引进高新技术企业和人才，发展特种合成纤维材料、高性能特种合金材料、新型建筑材料等；以生物技术为核心，发展生物制药、保健品和有机食品加工业；提升装备制造、纺织服装、建材等传统产业竞争力	
	6. 开发阶段	
2008 年	辽源市被确立为第一批资源枯竭型城市试点	
2008 年	世界金融危机	世界金融危机

	辽源市	双鸭山市
2010 年"十二五"规划纲要	装备制造、冶金建材、轻工纺织、医药健康、新材料、新能源、商贸物流、信息服务、文化旅游九大重点产业	重点建设煤、电、钢、粮、化、新能源、新建材七大主导产业
2011 年		双鸭山市被确立为第三批资源枯竭型城市试点
	7. 保持阶段	
2013 年 12 月 19 日	辽源市委六届三次全会确定了"突出发展装备制造和农产品深加工两大主导产业，培育发展高精铝加工、纺织袜业和医药三个特色优势产业"的发展战略	
2015 年"十三五"规划纲要	装备制造和农产品深加工两大主导产业；高精铝、纺织袜业、医药健康、蛋品加工业和新能源五个特色优势产业；新能源、碳纤维、石墨烯、生物质转化、3D 打印等战略性新兴产业	煤电化钢产业示范区、绿色有机食品产业集聚区、黑土湿地旅游核心区和对外贸易服务区

造成两市转型绩效差距较大的主要原因是振兴东北战略实施后，两市的发展轨迹出现了较大的差异。2005 年龙煤集团整合了黑龙江省四大煤城的优质煤矿，从战略上讲有助于双鸭山市的重组过程，但是此后十年煤炭市场的疲软并没有使龙煤集团达到预期的目标。从 2005 年两市的"十一五"规划可以看出，两市的发展战略出现了明显的差异，辽源市的重点发展产业转化到了医药健康、装备制造、新材料等非煤产业，而双鸭山市依旧是发展煤电和煤化工产业，重组过程中并没有打破原始的发展路径。2008 年辽源市被确认为国家第一批资源枯竭型城市，城市转型发展加速推进，进入了开发阶段，此后"十二五"规划进一步强化了城市非煤产业转型的战略，2013 年辽源市委六届三次全会确定了"突出发展装备制造和农产品深加工两大主导产业，培育发展高精铝加工、纺织袜业和医药三个特色优势产业"的发展战略，辽源市进入了转型快车道，进入了保持阶段。而观察双鸭山市，由于目前煤炭储量

依旧是黑龙江省四大煤城中最多的城市，城市的"十二五""十三五"发展规划中对接续产业的培育依旧不足，煤炭产业依旧是城市的主导产业。整体来看，双鸭山市城市转型绩效较差，主要是由于振兴东北战略实施后，城市进入重组阶段，城市接续产业选择不明确，城市产业发展又回到了上一个循环过程中。

三、结论与讨论

从工业结构多样性、工业结构优化升级以及城市转型发展阶段等方面对辽源和双鸭山市经济弹性差异的成因进行分析，发现工业结构多样性和工业结构优化升级对提高区域经济弹性有重要作用，而城市转型阶段的不同发展策略对城市经济弹性也会产生不同的影响。

首先，工业结构多样性能提高资源型城市的经济弹性。第四章的研究结果表明资源型城市产业结构对经济弹性的影响作用不显著，主要是由于产业结构多样性较高的城市往往第一产业发展较好，导致城市经济弹性提升并不显著。通过对比辽源市和双鸭山市可以发现，工业结构多样性能有效提升城市经济弹性。

其次，工业结构优化升级能提高资源型城市经济弹性。工业结构多样性能有效提升城市经济弹性，而资源型城市工业结构的优化升级同样是提升经济弹性的重要渠道。辽源市工业结构向制造业深加工行业转变，煤炭开采和洗选业所占比重持续下降，双鸭山市工业结构高级化发展缓慢，工业结构调整滞后于辽源市，也导致了城市经济弹性较低。

最后，城市不同发展阶段的发展战略对城市经济弹性有重要的影响。2003 年之前，辽源市和双鸭山市经历了大致相同的适应性循环过程，而造成两市经济弹性差异的重要原因是，2003 年以后，两市的适应性循环过程出现了较大的区别，自 2008 年辽源市被确定为国家首批资源枯竭型城市后，城市进入重组阶段。而双鸭山市虽然也提出了转型发展的策略，但是城市接续产业选择不明确，城市产业发展又回到了上一个循环过程中。

第六章

东北地区资源型城市转型发展的对策措施

第一节 提高资源型城市转型绩效的对策措施

对东北地区近 10 年来资源型城市转型绩效进行评估，发现不同地区、不同类型的城市转型存在很大的差异，并且各因素在不同研究尺度对城市转型的影响强度和影响机理不同，因此对提高资源型城市转型绩效提出以下对策措施。

一、建立健全资源型城市发展的长效援助机制，研究用好国家振兴政策

资金投入是影响城市转型作用最强的因素，但资源型城市转型资金的自我积累和调控能力有限，因此国家和各地方政府应制定相关政策并给予资金支持，完善城市可持续发展稳定的政策支撑体系，指导和促进资源型城市的发展。从各个省份来看，国家政策支持对资源型城市的可持续发展仍然起着至关重要的作用，因此，完善国家对资源型城市转型的相关配套政策对于推进资源型城市转型意义重大。各资源型城市应承接好《关于近期支持东北振兴若干重大政策举措的意见》政策和精神，牢牢把握国家实施新一轮振兴东北的有利机遇，找准国家政策与转型发展的契合点、支撑点和突破点，加快推进城区老工业区搬迁改造、独立

工矿区改造搬迁、采煤沉陷区综合治理等转型重点工程的争取与推进。

第一，建立健全资源型城市发展的长效援助机制。加快建立和实施资源开发补偿机制和衰退产业援助机制，两大机制从援助和补偿的角度对资源型城市因不可抗拒的自然原因、长期历史原因造成的资源型城市衰退造成的破坏和损失。中央财力性转移支付资金在帮助资源城市发展接续替代产业、整治生态环境、化解历史债务等过程中起到至关重要的作用，因此资源型城市应全力跟踪推动争取得到国家支持；跟踪推进省级政府制定资源枯竭城市财力性转移支付的支持标准，积极争取和充分利用省级财政转移支付或专项扶持资金。第二，加快推进城区老工业区搬迁改造、独立工矿区改造搬迁、采煤沉陷区综合治理等转型重点工程的争取与推进。城市老工业区搬迁改造、独立工矿区搬迁改造等重点工程是国家加快东北等老工业基地振兴的重要抓手，因此各城市应积极申请国家试点，借助相关重点工程加快资源型城市转型。

二、积极培育替代产业，加快城市转型工作

东北地区转型效果较好的两类城市是成长型和衰退型，成长型城市由于资源储备充裕，城市转型成本较低，而衰退型城市不得不进行城市转型，资源型产业衰退，造成转型成本升高，因此资源型城市应尽早开展转型工作，积极培育替代产业。依据产业生命周期曲线，资源型产业往往经历了生长、发展、衰退和消亡的过程，这就决定了资源型城市转型具有不同的时机选择。在资源型产业成长期即开始预转型，将资源型城市可能发生的问题和困难提前解决，这是一种理想的转型方案，但是东北地区资源开发较早，因此适合此类转型时机的城市很少。在资源型产业成熟的前段和中段开展转型工作，在资源具有保障的条件下实施转型，是经济转型比较合适的选择机会，目前东北地区的石油储备量较丰富，大庆、松原等石油类城市可选择这个策略。在资源产业成熟期的后段以及进入衰退期后，这一阶段资源型产业仍有一定的利润，与资源枯竭再进行转型相比，仍不失为一种现实的选择，目前东北的四大煤城处

于这一阶段。在资源型产业衰退期，资源产业生命周期已经趋于结束，城市进入不得不转型的阶段，我国经济转型试点阜新、辽源等城市属于这类城市。整体来看，城市转型成为资源型城市的必然发展路径，因此资源型城市应尽早选择转型。接续替代产业的培育是资源型城市转型的根本，因此如何培育替代产业也成为资源型城市转型的最大难点，整体来看应依据原有的优势产业，培育相关的高附加值的、非资源型的产业，以辽源市为例，辽源市"十三五"期间产业体系构建方面提出"以加快工业转型为核心，突出发展主导产业，加快发展特色优势产业，积极发展战略性新兴产业，培育发展十大产业集群"

三、实施差异化的绩效评估策略

国家在对资源型城市转型绩效评估时，不能仅仅从投入产出的角度进行研究，而应充分考虑城市的区位条件、外部发展环境和城市发展基础等综合因素。由于目前东北地区资源型城市处于不同的发展阶段，资源储备量存在明显的差距，造成城市的发展基础也大不相同，因此在城市转型绩效评价过程中一方面要注意不同城市、不同类型城市之间的差异，通过对比不同城市的发展差异，寻找城市转型的借鉴路径，同时更应该注意城市自身的发展的评估。以辽源市为例，辽源市作为近十年东北地区资源型城市转型绩效较好的城市，在城市绩效评估过程中应与自身的城市转型规划确定的目标任务相衔接，围绕转型发展的重点任务开展评价。

第二节　应对短期危机和长期扰动的弹性能力调控策略

一、应对短期危机的弹性调控措施

本书测度了东北地区资源型城市 1996～2007 年、2008～2014 年两次经济衰退过程中的经济维持性与经济恢复性，并且对影响经济弹性的主要因素进行了分析，结果显示资源型城市的经济弹性较低，尤其是经济维持性明显低于全国平均水平，并且不同类型的城市应对经济衰退的维持性和恢复性具有明显的差异，同时发现区位优势、R&D 投入密度，外贸依赖度以及政策支持一直对城市经济弹性有正向作用，而资源型产业就业人口比重对经济弹性一直具有负向作用，基于此提出了资源型城市应对短期危机的弹性调控措施。

第一，地方应继续加强研发投入强度，提高区域的创新能力，加快基础研究的产业化进程，提高区域应对经济衰退的应对能力。知识经济的迅速兴起对东北资源型城市转型产生了深刻的影响和强大的冲击，资源型城市作为一个相对落后的区域，往往还处于工业化初级和中级阶段，因此应顺应世界经济发展浪潮，加快科技创新步伐，实现超常规的跨越式发展。首先，应该加快建立以企业创新为主体，市场为导向的，由政府部门、企业、高校科研机构和中介部门构成的产业创新体系。强化企业技术创新主体的地位，加大企业创新投入，加强企业技术中心建设，政府部门明确自身责任，做好规划和服务工作。其次，健全和完善科技创新的制度体系，制定鼓励企业、高校、科研院所等各类创新主体开展科技创新的财政政策、税收政策等，鼓励科技创新，培育和引进一批创新型人才。最后，必须实施产业创新，这也是资源型城市实现创新发展的基础。通过产业内部产业结构、产业组织、产业政策、企业创新等途径，逐步改变以矿产资源采掘和初加工为主导产业的单一产业结构，培育非资源型接续替代产业。

第二，加强基础设施建设，提高对外联系水平。国内很多学者认为资源型城市区位偏远是资源型城市转型和可持续发展的主要障碍，尤其是黑龙江省东部四大煤城以及黑河、大兴安岭地区等偏远地区亟须通过加强应加强与中心城市间交通基础设施建设，区位条件相对较好的城市要加强充分发挥区位优势，加强与省会城市和区域中心城市的联系。以黑龙江省为例，应发挥交通运输对经济社会发展的促进作用，构筑以哈尔滨为枢纽，各种运输方式紧密衔接、广泛覆盖、快速通达的现代综合交通运输体系，加强资源型城市与中心城市的联系，提升"绥满铁路轴"运输能力，形成"哈牡鸡七双佳哈"快速铁路东环线，将东部城市与哈大齐城市群有机结合；进一步完善公路网，打造沿边高等级公路走廊，促进偏远地区发展。

第三，发挥沿边优势，推进对外开放转型升级。资源型城市必须坚持走出去与引进来并重、充分利用两个市场、两种资源，构建更大范围、更高水平、更深层次的全方位开放格局，各资源型城市应充分发挥"一带一路"政策优势，充分融入"一带一路"建设中。资源型城市的区位偏远状况也为城市推进对外开放提供了条件，尤其是黑龙江省的东部城市、黑河、大兴安岭地区以及吉林的延边州等沿边城市，应充分发挥沿边优势，做好对外开放的文章。延边州和吉林市充分发挥"一带一路"政策优势和图们江开发合作机制，完善图们江区域开放条件，提升延龙图前沿带动功能，支持珲春窗口加快发展，同时加快推进连接松原、白城直达蒙古国的国际运输通道建设，加快中蒙俄大通道建设。黑龙江省的沿边资源型城市应以"龙江丝路带"建设为牵动，重点打造国家对俄合作中心；完善对外开放合作园区体系，推动牡丹江、大庆、黑河建设综合保税区，积极推进绥芬河东宁重点开发开放试验区，谋划建设黑河、绥芬河、东宁跨境经济合作区和穆棱边境经济合作区等园区建设。

二、应对长期缓慢扰动的弹性调控措施

对东北地区资源型城市应对长期扰动所表现出的经济弹性进行评估，发现不同地区、不同类型的城市经济弹性存在很大的差异，因此东北地区不同类型资源型城市提高城市应对长期扰动的经济弹性应采取差别性的策略。

第一，应该重点提升黑龙江省四大煤炭城市经济弹性。从资源储量上看，煤炭城市以开采资源为主的产业发展鼎盛期已经过去（李博等，2010），并且煤炭价格持续下跌，提高城市经济弹性，促进经济转型已

经成为煤炭城市最迫切的任务。黑龙江省煤炭城市经济转型必须紧紧围绕经济结构优化、社会协调转型、生态改善调整三个方面开展工作（张逸昕，2016）。煤炭城市应发展煤炭循环经济和煤化工产业，推动煤炭行业向高附加值领域延伸，黑龙江省已经出台了《黑龙江省东部煤电化基地发展规划》，目的在于将黑龙江东部地区建设成以煤电化为主导产业，相关产业配套发展，促进煤电资源综合利用和非煤产业的快速发展的区域，在这一过程中应注意不能盲目追求煤电化产业的规模，而是应该以煤电化产业为支柱产业，加速培育接续替代产业。另外，应加快培育非煤产业，尤其要突出生态旅游、绿色食品、林木深加工、生态农业等产业。黑龙江省东部地区（包括四大煤炭城市）的旅游资源相当丰富，拥有森林、湿地、界江为主的自然旅游资源和以北大荒精神、关东文化、边疆民俗、抗日烽火为主的人文旅游资源（张毅，2009），同时与黑龙江省的冰雪旅游充分融合，加快实施旅游牵动战略，逐步把旅游业培育成为支柱产业，是煤炭城市产业转型的重要方向。

　　第二，石油类城市应重点通过增加产业多样性提高经济维持性，进而提高经济弹性。石油城市经济维持性相对较差，并且大庆市经济弹性减少量最大，主要是由于石油资源储量相对丰富，导致城市转型动力不足，经济结构过于单一，因此应在石油产业发展潜力较好的条件下，加快培育非油经济。整体来看，东北地区石油资源储量比较丰富，目前还应继续坚持石油产业的主体地位，积极利用产业优势发展石油精、深加工工业，促进产业结构由资源开采向资源深加工型转变，大庆市应加速形成以石化工业为主导，现代农业、新材料和新能源、装备制造、高端服务业为支柱现代产业体系。松原应围绕气开采化工、现代农业、特色旅游和商贸物流四大主导产业，加快形成油气开采化工和精细化工、生物质资源综合利用、生物医药和健康养生、食品加工、特色旅游、商贸物流、电子商务等产业集群。盘锦应围绕石化和精细化工两大主导产业，大力发展现代精品农业、生态循环农业等现代农业，重点促进新材料、高端装备制造、新一代信息技术、新能源等战略新兴产业发展

　　第三，森工类城市重点通过增加城市适应性提高城市弹性。森工类

城市经济弹性整体提升速度较快，但是由于森工类城市区位条件相对较差，受中心城市经济带动效果较弱（孙威等，2013），使得经济总体偏弱。因此国家应继续加强对森工类城市的财力性转移支付资金支持，资金应主要投入到社会保障、就业、教育、卫生、公共基础设施建设和专项贷款贴息等基本公共服务方面，重点解决并轨企业职工工资、医疗机构基础设施建设、经济转型项目基础设施建设等所需资金问题。森工类城市应加大生态保护和建设力度，加快人工造林、森林抚育、低质低效林改造和封山育林，建设国家储备林基地，加快发展生态旅游、森林食品、北药、苗木花卉、清洁能源等特色产业，另外应加强交通基础设施建设，提高城市对外联系水平。

第四，国家应继续加强对资源枯竭型城市的扶持力度，建立健全资源型城市发展的长效援助机制。资源枯竭型城市经济弹性整体较高，尤其是阜新和辽源市等城市经济弹性增加明显，这与国家对资源枯竭城市大量的财力、政策支持密不可分，因此国家和各地方政府对资源型城市转型应继续制定相关政策并给予资金支持，提高资源型城市经济弹性。

第七章

结论与展望

第一节　研究结论

本书在系统梳理国内外资源型城市转型与演化弹性相关基础理论和研究方法的基础上，把演化弹性理论思想引入资源型城市转型研究中，从演化弹性视角分析资源型城市转型。选取东北地区 19 个资源型作为研究对象，分析了振兴战略实施后东北地区资源型城市的转型绩效，并对城市转型过程中应对短期危机和长期扰动的经济弹性进行评价，最后选取辽源和双鸭山市作为典型案例，分析城市转型过程中经济弹性差异的机理，并提出了东北地区资源型城市转型发展的调控策略。得出以下主要结论：

（1）对资源型城市转型和弹性理论进行系统总结，发现资源型城市转型仍是目前资源型城市亟须解决的问题，关于资源型城市转型研究主要集中在经济转型、资源型城市转型的政策研究、资源型城市空间结构优化以及资源型城市规划研究等方面。演化弹性理论具有解释城市经济社会系统的更新、再生和重组属性的能力，因此弹性理论可作为指导城市转型理论工具。目前弹性存在三种认知框架，即工程弹性、生态弹性和演化弹性，随着弹性概念的外延和内涵逐步丰富，弹性研究的内容也逐步得到丰富；弹性思想被应用到城市研究中，城市弹性目前主要有四个组成部分，即基础设施弹性、制度弹性、经济弹性和社会弹性。

（2）为综合、定量的评价资源型城市转型取得的主要成就和存在的问题，明确资源型城市面临的主要扰动与转型过程，为经济弹性评价提供研究基础，本书从经济、社会和生态环境三个方面，构建资源型城市可持续发展能力评价指标体系，运用可持续发展能力指标增量表示城市转型绩效，对东北地区 2003 年以来资源型城市转型绩效进行分析，发现吉林省和辽宁省资源型城市转型绩效明显好于黑龙江省，辽源、松原和白山市转型效果较好，鸡西、伊春和黑河市转型较差，综合类和石油类城市转型绩效较好，煤炭类和森工类城市转型效果较差，说明黑龙江省资源型城市面临的长期扰动要明显高于吉林和辽宁省。经济转型绩效与城市转型绩效总体趋势相近，大庆市经济转型绩效较差，石油类城市社会转型效果较好，城市间生态环境转型差异较小。从可开采资源量、交通区位、要素投入和国家政策支持、城市发展基础 5 个方面，运用地理探测器分析方法，对资源型城市转型绩效的影响因素进行分析。发现资金投入和交通区位对东北地区资源型城市转型影响作用最大，城市规模、可开采资源和城市发展基础次之，国家政策支持作用强度较小，主要由于各省份城市转型差异较大，导致政策支持影响作用整体不显著，各省份内城市转型的影响因素的作用机理和作用强度有所差别。

（3）提出了资源型城市经济弹性的分析框架，依据扰动的类型将资源型城市转型过程的经济弹性分为两类，一类是应对某一具体经济危机的经济弹性，多强调应对外部扰动的过程分析，称为狭义经济弹性；另一类是指系统应对长期扰动的经济弹性，既强调应对危机的过程分析也强调系统的属性特征，称为广义经济弹性，并提出了两类经济弹性的研究框架。另外对资源型城市的应对短期经济衰退和长期扰动的经济弹性特征进行了分析，发现不论是从经济产出的角度还是就业的角度，资源型城市应对经济衰退的能力均明显不足，此外资源型城市应对长期扰动的能力也存在明显的差异。

（4）对东北地区资源型城市面对 1997 年亚洲金融危机和 2008 年世界金融危机所表现出的经济弹性从经济维持性和恢复性两个维度进行了测度，并对影响资源型城市应对短期经济危机经济弹性的影响因素进行了分析。结果发现，第一，资源型城市应对经济衰退所表现出的经济维持性和经济恢复性均较差，但是不同类型城市表现出明显的差异。石油类和钢铁类城市的经济维持性最强，而煤炭类城市的经济维持性最差。第二，影响两次经济周期经济弹性的影响因素存在明显的差异，但是区位优势、科技研发投入强度、外商依存度以及政策支持对两次经济周期的经济弹性均有正向作用，而资源型产业就业比重却一直存在负向作用。第三，本书发现在1997年的亚洲金融危机中制造业的经济弹性更强，而第三产业在2008年的世界经济危机中表现出更强的弹性，这种差异一方面与两次经济危机的属性有关，另一方面也与两次经济危机过程中不同行业的发展强弱密切相关。

（5）本书从演化弹性理论视角构架资源型城市经济弹性分析框架，从维持性、适应性和转型性三个方面评价资源型城市应对长期扰动所表现出的经济弹性能力，建立资源型城市经济弹性测度指标体系，运用主成分分析法，对实施振兴东北等老工业基地战略后19个资源型城市经济弹性能力及其变化特征进行了测度。研究发现：辽宁省和吉林省的资源型城市经济弹性要明显高于黑龙江省，辽宁省的盘锦、本溪和鞍山排名前3位，而黑龙江省的四大煤城弹性最低，再生型城市经济弹性最高，而衰退型城市经济弹性最低，冶金类和石油类城市经济弹性较高，煤炭城市经济弹性最低。与城市经济弹性位序相比，盘锦、大庆等石油城市的经济维持性明显偏低，而适应性较强；黑河、牡丹江等森工类城市经济维持性较强，而经济适应性不足；阜新、抚顺、辽源等一批资源枯竭型城市经济转型性较强。随着振兴东北等老工业基地战略实施，资源型城市经济系统的维持性、适应性和转型性以及经济弹性的区域差异均呈现减小趋势。经济弹性增加量最大的三个城市分别为黑河市、阜新和辽源市，经济弹性减少量最大的四个城市分别为大庆、七台河、双鸭山和葫芦岛，森工类城市经济弹性指数增加量最大，其次为冶金类和综合类城市，煤炭城市经济弹性呈下降趋势，石油类城市经济弹性下降量最大。

（6）以国家资源型城市经济转型试点城市——辽源为例，分析辽源市如何形成路径锁定以及在经济转型过程中如何进行路径创造，成为东北地区城市转型绩效整体较好的城市。发现辽源市的产业结构经历了导入、锁定和解锁的阶段，振兴战略实施后，第二产业占比持续增加，振兴战略主要对第二产业发展起到了较大的作用。辽源市的路径突破主要发生在 2008 年被确认为首批资源枯竭型城市经济试点后，通过政策导向的路径创造有序展开，通过抓住中央财力转移支付的支持政策，采取项目带动和投资拉动的战略，积极发展非煤产业的路径创造。采掘业所占的比重持续下降，由 2003 年占比超过 20%，下降至 2014 年的 3.4%；工业行业多样化指数明显增强，制造业向高级化发展，黑色金属冶炼和压延加工业、专用设备制造业和农副食品加工业优势产业集聚效应进一步强化，并且优势产业优化升级明显，从采掘业和初级制造业向中间品制造业和深加工制造业转型。

（7）辽源市是东北地区资源型城市转型绩效最好的城市，而同样是衰退型煤炭城市的双鸭山市转型绩效却较差，应对短期危机和长期扰动的经济弹性也存在较大的区别，本书对比了两个城市的转型差异并对成因进行了分析，发现从经济、社会和生态环境三方面的各项指标来看，辽源市自振兴战略实施以来的发展状况均要好于双鸭山市。重点从 GDP 增长率、产业结构演化、工业结构优化升级等方面分析两市转型差异的原因，发现 2012 年之前辽源市的经济增长率要整体高于双鸭山市，而 2012 年东北经济出现"断崖式"下滑过程中，辽源市的经济下行较小；从三次产业结构调整看，辽源市产业结构向第二产业调整显著，而双鸭山市产业结构调整缓慢，第二、第三产业增长缓慢；从工业行业结构看，双鸭山市规模以上工业企业分行业工业增加值占比最高的两个行业是煤炭开采和洗选业、农副食品加工业，双鸭山市工业结构高级化发展缓慢，工业结构调整滞后于辽源市。

（8）运用适应性循环理论，从定性的角度对辽源市和双鸭山市发展过程的经济弹性的差异机理进行分析，考虑两市中华人民共和国成立以来重要的发展战略和发展过程中遇到的重大问题，将两个城市的发展阶段进行划分，发现 2003 年之前两市的发展轨迹比较相似，经历了大致相同的适应性循环过程，都经历了重组、开发、保持和释放四个阶段，造成两市转型绩效差距较大的主要原因是振兴东北战略实施后，两市的发展轨迹出现了较大的差异，2008 年辽源市被确认为国家第一批资源枯竭型城市，城市转型发展加速推进，进入了开发阶段，2013 确立"2 + 3"的产业发展战略，进入了转型快车道，进入保持阶段。双鸭山市振兴东北战略实施后，城市进入重组阶段，城市接续产业选择不明确，城市产业发展又回到了上一个循环过程中。

（9）从提高资源型城市转型绩效和应对短期危机的长期扰动的弹性能力调控措施两个方面提出了东北地区资源型城市转型发展的对策措施。通过建立健全资源型城市发展的长效援助机制，研究用好国家振兴政策；积极培育替代产业，尽早开展城市转型工作和实施差异化的绩效评估策略促进资源型城市经济转型绩效。通过继续加强研发投入强度，提高区域创新能力，加快基础研究产业化进程，提高区域应对经济衰退的应对能力；加强基础设施建设，提高对外联系水平；发挥沿边优势，推进对外开放转型升级等措施提高资源型城市应对短期危机的弹性调控能力。通过重点提升黑龙江省四大煤炭城市经济弹性；增加石油类城市产业多样性提高经济维持性，进而提高经济弹性；增加森工类城市适应性提高城市弹性；国家应继续加强对资源枯竭型城市的扶持力度，建立健全资源型城市发展的长效援助机制，这些措施均能增加资源型城市应对长期扰动的经济弹性调控能力。

第二节　不足与展望

资源型城市转型是城市地理学重要的研究方向，将演化弹性理论引入到资源型城市转型研究中，对东北地区资源型城市的转型绩效及转型过程中应对短期危机和长期扰动的弹性特征进行了分析，并对资源型城市转型过程的经济弹性差异的形成机理进行分析，最后对东北地区资源型城市转型发展提出了对策措施。本研究虽然取得了一定的进展，但尚存在一些需要完善、深化和拓展的地方。

（1）在弹性概念认知上不同学科仍然存在不同的观点，弹性概念也经历着不断演化的过程，如何将演化弹性概念应用到城市转型过程中，解释城市经济社会系统的更新、再生和重组属性的能力，从新角度探索城市和区域周期演变规律，仍然是一个比较困难的问题。本书在基础理论研究部分，虽然对城市转型和弹性理论的相关研究进行了总结，并且对东北地区资源型城市的经济弹性进行了定量的分析，但是如何将弹性理论引入到城市转型研究中，构建科学的理论分析框架，仍有待继续完善。

（2）资源型城市转型绩效评价部分，作者基于可持续发展理论，从经济、社会和生态环境三个方面对 2003 年以来资源型城市转型绩效进行了评价，但是受数据获取等原因影响，评价指标体系仍不够完善，如何进一步完善指标体系，提高评价的准确性下一步工作的方向。

（3）资源型城市经济弹性差异的形成机理是一个复杂的过程，本书以辽源市的路径形成和路径创造为例，分析了资源型城市转型的演化过程，同时又选取辽源市和双鸭山进行对比分析，从适应性循环过程定性分析经济弹性差异成因，这些研究都对转型过程的弹性机理进行了分析，但是每个城市都具有自身发展特色，机理研究仅是对典型案例的分析，还需要更多样本案例的深入研究，才能总结出规律性问题。

参 考 文 献

[1] Adger W N. Social and ecological resilience: are they related? [J]. Progress in human geography, 2000, 24 (3): 347 – 364.

[2] Ainuddin S, Routray J K. Community resilience framework for an earthquake prone area in Baluchistan [J]. International Journal of Disaster Risk Reduction, 2012 (2): 25 – 36.

[3] Alberti M, Marzluff J M. Ecological resilience in urban ecosystems: linking urban patterns to human and ecological functions [J]. Urban ecosystems, 2004, 7 (3): 241 – 265.

[4] Alberti M. Modeling the urban ecosystem: a conceptual framework [J]. Environment and Planning B: Planning and Design, 1999, 26 (4): 605 – 629.

[5] Alexander D E. Resilience and Disaster Risk Reduction: An Etymological Journey [J]. Natural Hazards and Earth System Science, 2013, 13 (11): 2707 – 2716.

[6] Azapagic A. Developing a framework for sustainable development indicators for the mining and minerals industry [J]. Journal of cleaner production, 2004, 12 (6): 639 – 662.

[7] Balland P A, Rigby D, Boschma R. The technological resilience of US cities [J]. Cambridge Journal of Regions, Economy and Society, 2015 (8): 167 – 184.

[8] Berkes F. Understanding uncertainty and reducing vulnerability: Lessons from resilience thinking [J]. Nat Hazards, 2007, 41 (4): 283 –

295.

［9］ Boschma R. Towards an evolutionary perspective on regional resilience ［J］. Regional Studies, 2015, 49 (5): 733 - 751.

［10］ Bradbury J H. Towards an alternative theory of resource - based town development in Canada ［J］. Economic Geography, 1979: 147 - 166.

［11］ Brakman S, Garretsen H, van Marrewijk C. Regional resilience across Europe: on urbanization and the initial impact of the Great Recession ［J］. Cambridge Journal of Regions, Economy and Society, 2015 (8): 225 - 240.

［12］ Briguglio L, Cordina G, Farrugia N, et al. Conceptualizing and measuring economic resilience ［J］. Building the Economic Resilience of Small States, Malta: Islands and Small States Institute of the University of Malta and London: Commonwealth Secretariat, 2006: 265 - 288.

［13］ Brown K. Global environmental change IA social turn for resilience? ［J］. Progress in Human Geography, 2014, 38 (1): 107 - 117.

［14］ Bruneau M, Chang S E, Eguchi R T, et al. A framework to quantitatively assess and enhance the seismic resilience of communities ［J］. Earthquake spectra, 2003, 19 (4): 733 - 752.

［15］ Carpenter S, Walker B, Anderies J M, et al. From metaphor to measurement: resilience of what to what? ［J］. Ecosystems, 2001, 4 (8): 765 - 781.

［16］ Cellini R, Torrisi G. Regional resilience in Italy: a very long - run analysis ［J］. Regional Studies, 2014, 48 (11): 1779 - 1796.

［17］ Chen R H, Lin Y, Tseng M L. Multicriteria analysis of sustainable development indicators in the construction minerals industry in China ［J］. Resources Policy, 2014.

［18］ Christopherson S, Michie J, Tyler P. Regional resilience: theoretical and empirical perspectives ［J］. Cambridge Journal of Regions, Economy and Society, 2010, 3 (1): 3 - 10.

[19] Courvisanos J, Jain A, K. Mardaneh K. Economic resilience of regions under crises: a study of the Australian economy [J]. Regional Studies, 2016, 50 (4): 629 –643.

[20] Cutter S L, Ash K D, Emrich C T. The geographies of community disaster resilience [J]. Global Environmental Change, 2014 (29): 65 –77.

[21] Dalziell E P, McManus S T. Resilience, vulnerability, and adaptive capacity: implications for system performance [J]. 2004.

[22] Davies A, Tonts M. Economic diversity and regional socioeconomic performance: An empirical analysis of the Western Australian grain belt [J]. Geographical Research, 2010, 48 (3): 223 –234.

[23] Davies S. Regional resilience in the 2008 ~ 2010 downturn: comparative evidence from European countries [J]. Cambridge Journal of Regions, Economy and Society, 2011: rsr019.

[24] Davoudi S, Brooks E, Mehmood A. Evolutionary resilience and strategies for climate adaptation [J]. Planning Practice & Research, 2013, 28 (3): 307 –322.

[25] Davoudi S. Resilience, a bridging concept or a dead end? [J]. Planning Theory and Practice, 2012, 13 (2): 299 –307.

[26] Desrochers P, Leppälä S. Opening up the 'Jacobs Spillovers' black box: local diversity, creativity and the processes underlying new combinations [J]. Journal of Economic Geography, 2011, 11 (5): 843 –863.

[27] Di Caro P. Recessions, recoveries and regional resilience: evidence on Italy [J]. Cambridge Journal of Regions, Economy and Society, 2015, 8 (2): 273 –291.

[28] Doran J, Fingleton B. Employment resilience in Europe and the 2008 economic crisis: insights from micro – level data [J]. Regional Studies, 2016, 50 (4): 644 –656.

[29] Dubé J, PolèSe M. Resilience revisited: assessing the impact of

the 2007 – 09 recession on 83 Canadian regions with accompanying thoughts on an elusive concept [J]. Regional Studies, 2016, 50 (4): 615 – 628.

[30] Duranton G, Puga D. Diversity and specialisation in cities: why, where and when does it matter? [J]. Urban studies, 2000, 37 (3): 533 – 555.

[31] Duxbury J, Dickinson S. Principles for sustainable governance of the coastal zone: In the context of coastal disasters [J]. Ecological Economics, 2007, 63 (5): 319 – 330.

[32] Eraydin A. Attributes and characteristics of regional resilience: defining and measuring the resilience of Turkish regions [J]. Regional Studies, 2016, 50 (4): 600 – 614.

[33] Fingleton B, Garretsen H, Martin R. Recessionary shocks and regional employment: evidence on the resilience of UK regions [J]. Journal of Regional Science, 2012, 52 (1): 109 – 133.

[34] Folke C, Carpenter S R, Walker B, et al. Resilience thinking: integrating resilience, adaptability and transformability [J]. Ecology and Society, 2010, 15 (4): 20.

[35] Folke C, Carpenter S, Elmqvist T, et al. Resilience and sustainable development: building adaptive capacity in a world of transformations [J]. AMBIO: A journal of the human environment, 2002, 31 (5): 437 – 440.

[36] Folke C. Resilience: The emergence of a perspective for social – ecological systems analyses [J]. Global environmental change, 2006, 16 (3): 253 – 267.

[37] Gallopin G C, Funtowicz S, O'Connor M, et al. Science for the Twenty – First Century: From Social Contract to the Scientific Core [J]. International Social Science Journal, 2001, 53 (168): 219 – 229.

[38] Gallopin G C. Human Dimensions Of Global Change – Linking The Global And The Local Processes [J]. International social science journal,

1991, 43 (4): 707 −718.

[39] Gallopín G C. Linkages between vulnerability, resilience, and adaptive capacity [J]. Global environmental change, 2006, 16 (3): 293 − 303.

[40] Gunderson L H. Adaptive dancing: interactions between social resilience and ecological crises [J]. Navigating social − ecological systems: Building resilience for complexity and change, 2003: 33 −52.

[41] Hajkowicz S A, Heyenga S, Moffat K. The relationship between mining and socio − economic well being in Australia's regions [J]. Resources Policy, 2011, 36 (1): 30 −38.

[42] Harrald J. The case for resilience: a comparative analysis [J]. International journal of critical infrastructures, 2012, 8 (1): 3 −21.

[43] Hassink R. Regional resilience: a promising concept to explain differences in regional economic adaptability? [J]. Cambridge Journal of Regions, Economy and Society, 2010, 3 (1): 45 −58.

[44] Holling C S. Engineering resilience versus ecological resilience [J]. Engineering within Ecological Constraints, 1996: 31 −44.

[45] Holling C S. Resilience and stability of ecological systems [J]. Annual Review of Ecology and Systematics, 1973, 4 (1): 1 −23.

[46] Houghton D S. Long − distance commuting: a new approach to mining in Australia. Geographical Journal, 1993: 281 −290.

[47] Hu Y, Wang J, Li X, et al. Geographical detector − based risk assessment of the under − five mortality in the 2008 Wenchuan earthquake, China [J]. PloS one, 2011, 6 (6): 1 −8.

[48] Keil A, Zeller M, Wida A, et al. What determines farmers' resilience towards ENSO − related drought? An empirical assessment in Central Sulawesi, Indonesia [J]. Climatic Change, 2008 (86): 291 −307.

[49] Lagravinese R. Economic crisis and rising gaps North − South: evidence from the Italian regions [J]. Cambridge Journal of Regions, Economy

and Society, 2015 (8): 331 −342.

[50] Li H, Long R, Chen H. Economic transition policies in Chinese resource − based cities: An overview of government efforts. Energy Policy, 2013 (55): 251 −260.

[51] Li, H, Zhang P, Cheng Y. Economic vulnerability of mining city— A case study of Fuxin City, Liaoning Province, China [J]. Chinese Geographical Science, 2009, 19 (3), 211 −218.

[52] Liu J, Dietz T, Carpenter S R, et al. Complexity of coupled human and natural systems [J]. science, 2007, 317 (5844): 1513 −1516.

[53] Long R, Chen H, Li H, et al. Selecting alternative industries for Chinese resource cities based on intra − and inter − regional comparative advantages [J]. Energy Policy, 2013, 7 (5): 82 −88.

[54] Martin R, Sunley P, Gardiner B, et al. How regions react to recessions: resilience and the role of economic structure [J]. Regional Studies, 2016, 50 (4): 561 −585.

[55] Martin R, Sunley P, Tyler P. Local growth evolutions: recession, resilience and recovery [J]. Cambridge Journal of Regions, Economy and Society, 2015, 8 (2): 141 −148.

[56] Martin R, Sunley P. Complexity thinking and evolutionary economic geography [J]. Journal of Economic Geography, 2007: 573 −601.

[57] Martin R. Regional economic resilience, hysteresis and recessionary shocks [J]. Journal of Economic Geography, 2012, 12 (1): 1 −32.

[58] Mason C, Brown R, Hart M, et al. High growth firms, jobs and peripheral regions: the case of Scotland [J]. Cambridge Journal of Regions, Economy and Society, 2015 (8): 343 −358.

[59] Matshediso I B. A review of mineral development and investment policies of Botswana [J]. Resources Policy, 2005, 30 (3): 203 −207.

[60] McDaniels T, Chang S, Cole D, et al. Fostering resilience to extreme events within infrastructure systems: Characterizing decision contexts for

mitigation and adaptation [J]. Global Environmental Change, 2008, 18 (2): 310 – 318.

[61] Miller F, Osbahr H, Boyd E, et al. Resilience and vulnerability: complementary or conflicting concepts? [J]. Ecology and Society, 2010, 15 (3): 11.

[62] Ostrom E. A general framework for analyzing sustainability of Social – ecological systems [J]. Science, 2009, 325 (5939): 419 – 422.

[63] Pälli P, Lehtinen E. Making objectives common in performance appraisal interviews [J]. Language & Communication, 2014 (39): 92 – 108.

[64] Pendall R, Foster K A, Cowell M. Resilience and regions: building understanding of the metaphor [J]. Cambridge Journal of Regions, Economy and Society, 2010: rsp028.

[65] Perrings C. Introduction: resilience and sustainability [J]. Environment and Development Economics, 1998, 3 (2): 221 – 262.

[66] Pettijohn C E, Pettijohn L S, d'Amico M. Characteristics of performance appraisals and their impact on sales force satisfaction [J]. Human Resource Development Quarterly, 2001, 12 (2): 127 – 146.

[67] Pike A, Marlow D, McCarthy A, et al. Local institutions and local economic development: the Local Enterprise Partnerships in England, 2010 – [J]. Cambridge Journal of Regions, Economy and Society, 2015 (8): 185 – 204.

[68] Rose A. Analyzing Terrorist Threats to The Economy: A Computable General Equilibrium Approach [M]. UK: EdwardElgar Publishers, 2005.

[69] Scheffer M, Carpenter S, Foley J A, et al. Catastrophic shifts in ecosystems [J]. Nature, 2001, 413 (6856): 591 – 596.

[70] Sensier M, Artis M. The resilience of employment in Wales: through recession and into recovery [J]. Regional Studies, 2016, 50 (4): 586 – 599.

［71］ Shen L, Andrews – Speed P. Economic analysis of reform policies for small coal mines in China ［J］. Resources Policy, 2001, 27 (4): 247 – 254.

［72］ Simmie J, Martin R. The economic resilience of regions: towards an evolutionary approach ［J］. Cambridge journal of regions, economy and society, 2010, 3 (1): 27 – 43.

［73］ Smit B, Wandel J. Adaptation, adaptive capacity and vulnerability ［J］. Global environmental change, 2006, 16 (3): 282 – 292.

［74］ Steward J H. Theory of culture change: The methodology of multilinear evolution ［M］. University of Illinois Press, 1972.

［75］ Storper M. Keys to the city: how economics, institutions, social interaction, and politics shape development ［M］. Princeton University Press, 2013.

［76］ Sun W, Li Y, Wang D, et al. The efficiencies and their changes of China's resources – based cities employing DEA and Malmquist Index Models. Journal of Geographical Sciences ［J］. 2012, 22 (3): 509 – 520.

［77］ Swanstrom T. Regional resilience: a critical examination of the ecological framework ［J］. Institute of Urban & Regional Development, 2008.

［78］ Timmerman P. Vulnerability resilience and collapse of society ［J］. A Review of Models and Possible Climatic Appli – cations. Toronto, Canada. Institute for Environmental Studies, University of Toronto, 1981.

［79］ Vernon R. International investment and international trade in the product cycle ［J］. The quarterly journal of economics, 1966: 190 – 207.

［80］ Walker B, Holling C S, Carpenter S R, et al. Resilience, adaptability and transformability in social – ecological systems ［J］. Ecology and society, 2004, 9 (2): 5.

［81］ Walker B, Pearson L, Harris M, et al. Incorporating resilience in the assessment of inclusive wealth: an example from South East Australia ［J］. Environmental and Resource Economics, 2010, 45 (2): 183 – 202.

［82］Wang J F, Li X H, Christakos G, et al. Geographical detectors – based health risk assessment and its application in the neural tube defects study of the Heshun Region, China ［J］. International Journal of Geographical Information Science, 2010, 24（1）: 107 – 127.

［83］Weichselgartner J, Kelman I. Geographies of resilience Challenges and opportunities of a descriptive concept ［J］. Progress in Human Geography, 2015（39）: 249 – 267.

［84］Xu L, Marinova D, Guo X. Resilience thinking: a renewed system approach for sustainability science ［J］. Sustainability Science, 2015, 10（1）: 123 – 138.

［85］Yu J, Zhang Z, Zhou Y. The sustainability of China's major mining cities ［J］. resources policy, 2008, 33（1）: 12 – 22.

［86］Zeeman E C. Catastrophe theory: Selected papers, 1972 ~ 1977 ［M］. Addison – Wesley, 1977.

［87］Zhang Pingyu, Su Fei, Li He, Sang Qiu. Coordination Degree of Urban Population, Economy, Space, and Environment in Shenyang since 1990 ［J］. China Population, Resource and Environment, 2008, 18（2）: 115 – 119.

［88］Zurlini G, Amadio V, Rossi O. A landscape approach to biodiversity and biological health planning: the Map of Italian Nature ［J］. Ecosystem health, 1999, 5（4）: 294 – 311.

［89］蔡建明, 郭华, 汪德根. 国外弹性城市研究述评 ［J］. 地理科学进展, 2012, 31（10）: 1245 – 1255.

［90］蔡永红, 林崇德. 绩效评估研究的现状及其反思 ［J］. 北京师范大学学报（人文社会科学版）, 2001, 166（4）: 119 – 126.

［91］曹晟, 唐子来. 英国传统工业城市的转型: 曼彻斯特的经验 ［J］. 国际城市规划. 2013, 28（6）: 25 – 35.

［92］曾万平. 我国资源型城市转型政策研究 ［D］. 北京: 财政部财政科学研究所, 2013.

[93] 柴彦威，张纯．地理学视角下的城市单位：解读中国城市转型的钥匙 [J]．国际城市规划，2009 (5)：2-6.

[94] 柴艳芳．构建和谐社会，关注资源型城市转型中的社会问题 [J]．资源与产业，2007，9 (5)：12-15.

[95] 陈云峰，孙殿义，陆根法．资源型城市创建生态市的和谐模式研究——以铜陵生态市规划为例 [J] 生态学报，2006，26 (6)：1605-1615.

[96] 仇方道．东北地区矿业城市产业生态系统适应性研究 [M]．北京：科学出版社，2011.

[97] 崔胜辉，李旋旗，李扬，等．全球变化背景下的适应性研究综述 [J]．地理科学进展，2011，30 (9)：1088-1098.

[98] 丁四保，孙淼．资源枯竭型城市发展困境与中央政府的作为 [J]．地域研究与开发，2006，25 (5)：1-5.

[99] 丁悦，蔡建明，任周鹏，杨振山．基于地理探测器的国家级经济技术开发区经济增长率空间分异及影响因素 [J]．地理科学进展，2014，33 (5)：657-666.

[100] 董锋，龙如银，李晓晖．考虑环境因素的资源型城市转型效率分析——基于 DEA 方法和面板数据 [J]．长江流域资源与环境，2012，21 (5)：519-524.

[101] 董锋，谭清美，周德群，等．资源型城市可持续发展水平评价——以黑龙江省大庆市为例 [J]．资源科学，2010，32 (8)：1584-1588.

[102] 董锁成，李泽红，李斌，等．中国资源型城市经济转型问题与战略探索 [J]．中国人口·资源与环境，2007，17 (5)：12-17.

[103] 董雯，邓锋，杨宇．乌鲁木齐资源型产业的演变特征及其空间效应 [J]．地理研究，2011，30 (4)：723-734.

[104] 樊杰，孙威，傅小锋．我国矿业城市持续发展的问题、成因与策略 [J]．自然资源学报，2005，20 (1)：68-75.

[105] 樊杰．我国煤矿城市产业结构转换问题研究 [J]．地理学

报，1993，48（3）：218 - 226.

[106] 方修琦，殷培红. 弹性、脆弱性和适应——IHDP 三个核心概念综述 [J]. 地理科学进展，2007，26（5）：11 - 22.

[107] 费璇，温家洪，杜士强，等. 自然灾害恢复力研究进展 [J]. 自然灾害学报，2014，23（6）：19 - 31.

[108] 高丽莉. 煤炭资源型城市采煤塌陷区生态景观规划分析 [J]. 煤炭技术，2013，32（11）：9 - 10.

[109] 耿慧志. 论我国城市中心区更新的动力机制 [J]. 城市规划汇刊，1999，（3）：27 - 31.

[110] 顾朝林. 转型发展与未来城市的思考 [J]. 城市规划，2011，35（11）：23 - 34.

[111] 郭存芝，罗琳琳，叶明. 资源型城市可持续发展影响因素的实证分析 [J]. 中国人口·资源与环境，2014，24（8）：81 - 89.

[112] 郭永锐，张捷. 社区恢复力研究进展及其地理学研究议题研究 [J]. 地理科学进展，2015，34（1）：100 - 109.

[113] 郝传波，姜勇，肖福坤. 黑龙江省煤城产业转型战略研究 [J]. 煤炭技术，2006，25（3）：1 - 3.

[114] 侯百镇. 转型与城市发展 [J]. 规划师，2005，21（2）：67 - 74.

[115] 黄赜琳. 改革开放三十年中国经济周期与宏观调控 [J]. 财经研究，2008，34（11）：88 - 100.

[116] 霍华德. 明日的田园城市 [M]. 金经元，译. 北京：商务印书馆，2000.

[117] 姜春海. 资源枯竭型城市产业转型的财政政策扶持机制研究 [J]. 财经问题研究，2006，273（8）：36 - 41.

[118] 蒋建权，马延吉，佟连军. 东北区煤矿城市可持续发展问题探讨 [J]. 地理科学，2000，20（3）：241 - 245.

[119] 金德刚. 林业资源型城市经济转型扶持政策研究 [J]. 中国林业经济，2008（5）：34 - 37.

[120] 金凤君，陈明星.“东北振兴”以来东北地区区域政策评价研究 [J].经济地理，2010，30（8）：1259-1265.

[121] 李鹤，张平宇，程叶青.脆弱性的概念及其评价方法 [J].地理科学进展，2008，27（2）：18-25.

[122] 李鹤，张平宇.东北地区矿业城市经济系统脆弱性分析 [J].煤炭学报，2008，33（1）：116-120.

[123] 李鹤，张平宇.东北地区矿业城市社会就业脆弱性分析 [J].地理研究，2009，28（3）：751-760.

[124] 李鹤，张平宇.全球变化背景下脆弱性研究进展与应用展望 [J].地理科学进展，2011，30（7）：920-929.

[125] 李彤玥，牛品一，顾朝林.弹性城市研究框架综述 [J].城市规划学刊，2015，218（5）：23-31.

[126] 李迅，刘琰.低碳、生态、绿色——中国城市转型发展的战略选择 [J].城市规划学刊，2011，194（2）：1-7.

[127] 李彦军，叶裕民.城市发展转型问题研究综述 [J].城市问题，2012，202（5）：97-101.

[128] 李彦军.产业长波、城市生命周期与城市转型 [J].发展研究，2009（11）：4-8.

[129] 刘春燕，谢萍，毛端谦.资源衰退型城市接续产业选择研究——以江西萍乡市为例 [J].地理科学，2014，34（2）：192-197.

[130] 刘易斯·芒福德.城市发展史：起源、演变和前景 [M].宋俊岭，倪文彦，译.北京：中国建筑工业出版社，2005.

[131] 刘云刚.大庆市资源型产业结构转型对策研究 [J].经济地理，2000，20（5）：26-29.

[132] 刘云刚.中国资源型城市界定方法的再考察 [J].经济地理，2006，26（6）：940-944.

[133] 柳泽，周文生，姚涵.国外资源型城市发展与转型研究综述 [J].中国人口·资源与环境，2011，21（11）：161-168.

[134] 龙如银.中国矿业城市可持续发展：理论与方法研究 [M].

徐州：中国矿业大学出版社，2005.

[135] 卢业授. 政策扶持体制创新，加快矿业城市接替产业发展 [J]. 资源·产业，2005，7（3）：76－79.

[136] 陆大道. 中国地理学的发展与全球变化研究 [J]. 地理学报，2011，66（2）：147－156.

[137] 罗月丰. 政府职能转变与资源衰竭型城市经济转型 [J]. 资源·产业，2005，7（5）：15－18.

[138] 梅林，孙春暖. 东北地区煤炭资源型城市空间结构的重构——以辽源市为例 [J]. 经济地理，2006，26（6）：949－956.

[139] 彭翀，袁敏航，顾朝林，等. 区域弹性的理论与实践研规展 [J]. 城市规划学科，2015，221（1）：84－92.

[140] 邵亦文，徐江. 城市弹性：基于国际文献综述的概念解析 [J]. 国际城市规，2015，30（2）：48－54.

[141] 申玉铭，杨彬彬，张云. 资源型城市的生态环境问题与综合整治——以济宁市为例 [J]. 地理研究，2006，25（3）：430－438.

[142] 宋飏，王士君，王雪微，等. 矿业城市生命周期与空间结构演进规律研究 [J]. 人文地理，2012，127（5）：54－61.

[143] 宋飏，王士君，叶强，等. 中国矿业城市空间形态特征及其空间分异 [J]. 地域研究与开发，2012，31（1）：45－49.

[144] 苏飞，张平宇，李鹤. 中国煤矿城市经济系统脆弱性评价 [J]. 地理研究，2008，27（4）：907－916.

[145] 苏继红，董杰，刘文玉，等. 煤炭资源型城市景观生态规划研究 [J]. 煤炭工程，2011（7）：24－25.

[146] 苏晓玲，史延杰. 资源型城市发展规划：以黑龙江省鸡西市为例 [J]. 当代经济，2010（20）：90－91.

[147] 孙晶，王俊，杨新军. 社会—生态系统恢复力研究综述 [J]. 生态学报，2007，27（12）：5371－5381.

[148] 孙淼，丁四保. 我国资源型城市衰退的体制原因分析 [J]. 经济地理，2005，25（2）：273－276.

[149] 孙威, 李洪省. 中国资源枯竭城市的区位条件辨析 [J]. 地理学报, 2013, 68 (2): 199-208.

[150] 谭俊涛, 张平宇, 李静. 三江平原垦区基础设施建设对区域城镇化的影响 [J]. 地理研究, 2014, 33 (3): 501-508.

[151] 王静, 王兰, 保罗·布兰克-巴茨. 鲁尔区的城市转型: 多特蒙德和埃森的经验 [J]. 国际城市规划. 2013, 28 (6): 43-49.

[152] 王俊, 杨新军, 刘文兆. 半干旱区社会—生态系统干旱恢复力的定量化研究 [J]. 地理科学进展, 2010, 29 (11): 1385-1390.

[153] 王亮, 宋周莺, 余金艳, 等. 资源型城市产业转型战略研究——以克拉玛依为例 [J]. 经济地理, 2011, 31 (8): 1277-1282.

[154] 王量量, 韩洁, 彼得·纽曼.《弹性城市——应对石油紧缺与气候变化》与我国城市发展模式选择 [J]. 国际城市规划, 2013, 28 (6): 110-114.

[155] 王录仓. 干旱区资源型城市可持续发展研究 [J]. 干旱区资源与环境, 2005, 19 (2): 5-12.

[156] 王青云. 资源型城市经济转型研究 [M]. 北京: 中国经济出版史, 2003.

[157] 王群, 陆林, 杨兴柱. 千岛湖社会—生态系统恢复力测度与影响机理 [J]. 地理学报, 2015, 70 (5): 779-795.

[158] 王亚男, 杨永春, 齐君, 等. 资源型城市群生态规划框架探讨——以晋北中部城市群为例 [J]. 2013, 29 (4): 92-98.

[159] 王燕国, 朱德元. 资源型城市经济转型概论 [M]. 北京: 中国经济出版社, 2007.

[160] 魏后凯. 论中国城市转型战略 [J]. 城市与区域规划研究, 2011 (1): 1-19.

[161] 魏立华, 卢鸣, 闫小培. 社会经济转型期中国"转型城市"的含义、界定及其研究架构 [J]. 现代城市研究, 2006 (9): 36-44.

[162] 吴传钧. 论地理学的研究核心——人地关系地域系统 [J]. 经济地理, 1991, 11 (3): 1-5.

[163] 吴雨霏. 浅谈我国资源型城市转型以及三种转型模式 [J]. 中国矿业, 2010 (19): 24 - 32.

[164] 许豫东, 孙威, 樊杰. 我国矿产资源枯竭型城市持续发展战略研究 [J]. 矿业研究与开发, 2004, 24 (3): 9 - 11.

[165] 杨显明, 焦华富, 许吉黎. 不同发展阶段煤炭资源型城市空间结构演化的对比研究——以淮南、淮北为例 [J]. 自然资源学报, 2015, 30 (1): 92 - 105.

[166] 杨显明, 焦华富, 许吉黎. 煤炭资源型城市空间结构演化过程、模式及影响因素——基于淮南市的实证研究 [J]. 地理研究, 2015, 34 (3): 513 - 524

[167] 杨小慧, 王俊, 刘康, 等. 半干旱区农户对干旱恢复力的定量分析——以甘肃省榆中县为例 [J]. 干旱区资源与环境, 2010, 24 (4): 101 - 106.

[168] 余建辉, 张文忠, 王岱, 等. 资源枯竭城市转型成效测度研究 [J]. 资源科学, 2013, 35 (9): 1812 - 1820.

[169] 余建辉, 张文忠, 王岱. 中国资源枯竭城市的转型效果评价 [J]. 自然资源学报, 2011, 26 (1): 11 - 21.

[170] 余中元, 李摇波, 张新时. 社会生态系统及脆弱性驱动机制分析 [J]. 生态学报, 2014, 34 (7): 1870 - 1879.

[171] 张继飞, 邓伟, 刘邵权. 西南山地资源型城市地域空间发展模式: 基于东川区的实证 [J]. 2013, 33 (10): 1206 - 1215.

[172] 张平宇, 李鹤, 佟连军, 等. 矿业城市人地系统——理论·方法·实证 [M]. 北京: 科学出版社, 2011.

[173] 张平宇. 东北区域发展报告 2008 [M]. 北京: 科学出版社, 2008.

[174] 张平宇. 阜新市经济转型的战略问题及对策 [J]. 矿业研究与开发, 2005, 25 (1): 1 - 5.

[175] 张平宇. 全球环境变化研究与人文地理学的参与问题 [J]. 2007, 16 (4): 76 - 81.

［176］张石磊，冯章献，王士君．传统资源型城市转型的城市规划响应研究——以白山市为例［J］．经济地理，2011，31（11）：1834 - 1839.

［177］张文忠，王岱，余建辉．资源型城市接续替代产业发展路径与模式研究［J］中国科学院院刊，2011，26（2）：134 - 141.

［178］张逸昕．协同创新驱动下黑龙江省煤炭资源城市产业转型研究［J］．煤炭经济研究，2016，36（9）：10 - 13.

［179］张毅．黑龙江省东部旅游区域合作问题研究［J］．西伯利亚研究，2009，36（5）：28 - 31.

［180］赵景海，俞滨洋．资源型城市空间可持续发展战略初探——兼论大庆市城市空间重组［J］．城市规划，1999，23（8）：55 - 56.

［181］赵连荣，葛建平．我国资源枯竭型城市转型的政策工具研究［J］．现代城市研究，2013（9）：59 - 62.

［182］赵鸣骥．关于建立健全防治荒漠化投入保障机制的若干问题［J］．世界林业研究，998（5）：32 - 37.

［183］赵西君，吴殿廷，戎鑫，等．成熟期资源型城市产业转型发展模式研究——以济宁市为例［J］．地理与地理信息科学，2007，23（6）：87 - 91.

［184］郑文升，丁四保，王晓芳，等．中国东北地区资源型城市棚户区改造与反贫困研究［J］．地理科学，2008.28（2）：156 - 161.

［185］朱铁臻．城市转型与创新［J］．城市，2006（6）：3 - 5.

［186］朱训．21世纪中国矿业城市形势与发展战略思考［J］．中国矿业，2002，11（1）：1 - 9.

［187］朱训．实现六个转变走新型矿业经济发展之路［J］．中国矿业，2005，14（8）：1 - 4.

［188］诸大建．中国城市第三波［J］．决策，［2007 - 08 - 22］.